Études de l'OCDE sur l'eau

Gestion des risques de sécheresse et d'inondation dans l'agriculture

ENSEIGNEMENTS POUR LES POLITIQUES PUBLIQUES

Cet ouvrage est publié sous la responsabilité du Secrétaire général de l'OCDE. Les opinions et les interprétations exprimées ne reflètent pas nécessairement les vues officielles des pays membres de l'OCDE.

Ce document et toute carte qu'il peut comprendre sont sans préjudice du statut de tout territoire, de la souveraineté s'exerçant sur ce dernier, du tracé des frontières et limites internationales, et du nom de tout territoire, ville ou région.

Merci de citer cet ouvrage comme suit :
OCDE (2016), *Gestion des risques de sécheresse et d'inondation dans l'agriculture : Enseignements pour les politiques publiques*, Études de l'OCDE sur l'eau, Éditions OCDE, Paris.
http://dx.doi.org/10.1787/9789264254459-fr

ISBN 978-92-64-25442-8 (imprimé)
ISBN 978-92-64-25445-9 (PDF)

Série : Études de l'OCDE sur l'eau
ISSN 2224-6215 (imprimé)
ISSN 2224-6223 (en ligne)

Version révisée, mai 2017
Les détails des révisions sont disponibles à l'adresse :
www.oecd.org/fr/apropos/editionsocde/Corrigendum-Mitigating-Droughts-Floods-Agriculture-FR.pdf

Les données statistiques concernant Israël sont fournies par et sous la responsabilité des autorités israéliennes compétentes. L'utilisation de ces données par l'OCDE est sans préjudice du statut des hauteurs du Golan, de Jérusalem-Est et des colonies de peuplement israéliennes en Cisjordanie aux termes du droit international.

Crédits photo : Couverture © iStockphoto/sbayram

Les corrigenda des publications de l'OCDE sont disponibles sur : *www.oecd.org/about/publishing/corrigenda.htm.*

Avant-propos

Au cours du XXIe siècle, l'agriculture va être devoir relever de nombreux défis afin de fournir des aliments, des fibres et de l'énergie à une population de plus en plus nombreuse et dont les habitudes alimentaires évoluent rapidement. En outre, il lui faudra parallèlement améliorer ses performances environnementales et sa durabilité dans un contexte de changement climatique.

Les conditions climatiques ont toujours joué un rôle important dans le secteur agricole. Les agriculteurs ont fait face aux aléas météorologiques avec une ingéniosité remarquable, et les décideurs publics ont mis en place des mesures qui visent à maîtriser ces risques, et de fait à les anticiper et les gérer de manière plus efficace. Ces évolutions ont à leur tour grandement contribué aux considérables progrès réalisés en matière de productivité agricole et de gestion des ressources en eau. Il faut cependant aller encore plus loin, compte tenu notamment des contraintes et des incertitudes croissantes imposées par le changement climatique.

Ce rapport de l'OCDE propose une analyse approfondie des stratégies d'action qui favorisent une gestion durable des sécheresses et des inondations en agriculture, ainsi qu'une panoplie complète de recommandations en la matière. Il s'appuie sur les tendances, données d'expérience et travaux de recherche récents concernant les approches suivies dans ce domaine par les pays de l'OCDE, en particulier l'Australie, le Canada, l'Espagne, la France et le Royaume Uni. Outre les recommandations à l'intention des pouvoirs publics, ce rapport propose un cadre d'action général que les pays pourraient utiliser pour analyser leurs propres politiques de lutte contre les sécheresses et les inondations, ainsi que pour trouver des moyens de progresser dans ce domaine. Ce rapport s'inscrit dans un ensemble plus large de travaux de l'OCDE sur la gestion du risque en agriculture, que l'on peut consulter à l'adresse suivante : www.oecd.org/fr/tad/politiques-agricoles/risk-management-agriculture.htm.

Remerciements

Ce rapport a été rédigé par Julien Hardelin et Jesús Antón, de l'OCDE. Il a bénéficié de précieux conseils, recommandations et contributions apportés par les consultants suivants : Alberto Garrido et Dolores Rey du Centre d'études et de recherche pour la gestion des risques agricoles et environnementaux (CEIGRAM), Université polytechnique de Madrid ; Stefan Ambec, directeur de recherche INRA et Arnaud Reynaud, chercheur INRA, Directeur au Laboratoire d'Économie des Ressources Naturelles (LERNA), Toulouse School of Economics (TSE) ; Christine Le Thi, de l'OCDE, a aussi contribué aux premières étapes du projet. De nombreux collègues de l'OCDE ont prêté leur concours à l'établissement de ce rapport, notamment Charles Baubion, Françoise Bénicourt, Carmel Cahill, Anthony Cox, Kathleen Dominique, Marina Giacalone-Belkadi, Guillaume Gruère, Franck Jésus, Hannah Leckie, Stéphanie Lincourt, Xavier Leflaive, Kevin Parris, Michèle Patterson, Janine Treves et Frank Van Tongeren. Ce rapport a été déclassifié par le Groupe de travail mixte sur l'agriculture et l'environnement en août 2015.

Table des matières

Tableaux

Graphiques

Encadrés

Résumé

Le secteur agricole est particulièrement exposé aux risques d'inondation et de sécheresse, qui pourraient se multiplier et s'intensifier sous l'effet du changement climatique alors que la demande de nourriture et d'espaces urbains va croissant. Au 20ème siècle, l'amélioration de la productivité agricole et les politiques publiques ont permis de mieux prendre en charge ces risques et de réduire leur impact global sur l'économie et sur le secteur agricole. Les sécheresses et les inondations restent néanmoins un problème important dans bien des pays, elles coûtent cher au secteur et se répercutent parfois sur les marchés des produits. Trois grands déterminants pourraient à l'avenir contraindre les pouvoirs publics à accorder plus d'attention aux risques de sécheresse et d'inondation :

- La population et, partant, la demande d'aliments destinés à la consommation humaine et animale, de fibres et d'énergie, iront croissants dans un contexte d'intensification de la concurrence autour des ressources en eau et d'accroissement de la vulnérabilité aux risques de pénurie d'eau et de sécheresse.
- L'urbanisation fera augmenter la demande de protection contre les inondations et d'atténuation de leurs effets, ce qui pose le problème de la répartition des risques d'inondation entre les secteurs et régions, espaces agricoles compris.
- Le changement climatique devrait faire augmenter la fréquence et l'ampleur des événements météorologiques extrêmes.

Les pouvoirs publics ont un rôle essentiel à jouer dans la mise au point de réponses ciblées pour pallier les défaillances du marché qui empêchent d'atténuer et de répartir de façon efficiente les risques de sécheresse et d'inondation. Cependant, l'expérience des pays de l'OCDE semble montrer que bien des progrès sont encore possibles sur ce front. De fait, les politiques publiques dans le domaine des droits sur l'eau et de l'allocation des ressources en eau, de l'information météorologique et hydrologique, de l'innovation et de l'éducation, ainsi que de l'assurance contre les risques de sécheresse et d'inondation et des compensations prévues à ce titre, devraient être mises en cohérence pour assurer une gestion efficiente de ces risques.

Pour tenir compte des spécificités locales et éviter les éventuels effets secondaires indésirables, les autorités publiques devraient, dans la mesure du possible, procéder à une analyse coûts-avantages des mesures prises face aux risques de sécheresse et d'inondation au niveau national ou même régional, et utilisant les méthodologies les plus avancées. De fait, les caractéristiques physiques des inondations et des sécheresses (fréquence, ampleur et périmètre), de même que l'exposition et la vulnérabilité du secteur agricole à ces risques varient sensiblement à l'intérieur d'un même pays et entre les pays. Il est par conséquent important de comprendre les situations locales pour adapter les réponses à apporter, au cas par cas.

Les incitations prévues dans le cadre de la politique agricole doivent éviter d'encourager les décisions de production qui font augmenter l'exposition et la vulnérabilité des systèmes agricoles aux sécheresses et aux inondations. Les subventions qui génèrent des distorsions, qu'il s'agisse des prix garantis ou des subventions à l'assurance, peuvent inciter les agriculteurs à accroître artificiellement leur exposition au risque, et par conséquent leur vulnérabilité au risque à long terme. La réduction de ces subventions garantira que les décisions de production et d'investissement des agriculteurs reposent sur les coûts et avantages réels de la prise de risque.

Toute politique de gestion des sécheresses en agriculture doit, pour être cohérente, assurer que les droits d'eau sont accordés en fonction des disponibilités dans une optique durable. La sur-allocation des droits sur l'eau et l'absence d'incitations reflétant le coût de rareté de la ressource entraîne des déficits structurels et des pénuries chroniques d'eau ce qui, mécaniquement, accroît l'exposition et la vulnérabilité aux risques de sécheresse.

Pour parvenir à équilibrer la demande et l'offre globales d'eau, les stratégies de gestion de la sécheresse, en particulier dans les pays à climats arides et semi-arides doivent miser à la fois sur l'efficience d'utilisation de l'eau et sur les infrastructures hydrauliques. La performance économique, sociale et environnementale de ces infrastructures (barrages, réservoirs et autres sources d'approvisionnement d'eau) est souvent remise en question. Dans le contexte du changement climatique, les infrastructures hydrauliques pourraient être développées dans certaines régions afin de disposer de plus d'eau et d'atténuer l'exposition et la vulnérabilité des usagers dans le cadre d'une stratégie de gestion des ressources en eau. Les politiques qui encouragent les économies d'eau et le stockage doivent toutefois être compatibles avec les objectifs économiques, sociaux et environnementaux, et avec la croissance durable de la production. En particulier, le développement des infrastructures hydrauliques, s'il est souhaitable dans certains cas, devrait compléter plutôt que remplacer les politiques de l'eau du côté de la demande : l'amélioration de l'efficience de l'irrigation et le développement des pratiques agricoles économes en eau peuvent en effet se révéler plus efficaces pour équilibrer l'offre et la demande globales d'eau. Enfin, toute analyse coûts-avantages des infrastructures hydrauliques doit tenir compte du degré élevé d'incertitude que comportent les projections des impacts du changement climatique à l'échelle locale, et les valeurs d'option correspondantes.

Les systèmes d'allocation des droits sur l'eau, s'ils sont bien conçus, peuvent aussi alléger le coût général des sécheresses pour l'agriculture irriguée, en assurant que les prélèvements d'eau vont aux usages les plus utiles pour la société. Ils devront, à cette fin, recourir à des instruments économiques et à des systèmes d'informations météorologiques et hydrologiques. Comme on a pu le constater dans plusieurs pays de l'OCDE qui les utilisent, certains instruments économiques comme les marchés de l'eau peuvent faire sensiblement baisser le coût des pénuries. Les systèmes d'information météorologiques et hydrologiques, qui sont déjà bien implantés dans la plupart des pays de l'OCDE, sont des instruments essentiels.

S'agissant de la gestion des inondations, les pays de l'OCDE pourraient étudier de façon plus systématique le rôle positif que peuvent jouer les espaces agricoles. Ces derniers peuvent servir de plaines d'inondation et fournir des services de rétention de l'eau de façon à réduire les risques dans d'autres zones, notamment urbaines, et abaisser ainsi le coût global des risques d'inondation. Les plaines inondables peuvent aussi fournir d'autres services écosystémiques dont il faut tenir compte dans les analyses coûts-avantages. Il ne s'agit là toutefois que d'un outil complémentaire, qui ne saurait remplacer de réels plans d'aménagement urbain.

La gestion à court terme des risques liés à l'eau représente également une dimension importante d'une approche efficace de la gestion des sécheresses et des inondations en agriculture :

- Les systèmes d'informations météorologiques et hydrologiques sont indispensables pour permettre aux agriculteurs d'adapter leurs plans de production au début des campagnes culturales.
- Il importe, pour faire face aux épisodes de sécheresse, de définir des règles flexibles de redistribution de l'eau en fonction des disponibilités totales d'eau, basées sur un ensemble de règles de priorité et sur les marchés d'eau agricole à court terme. Ces instruments peuvent contribuer à adapter la demande d'eau à l'évolution des conditions météorologiques et

hydrologiques et intégrer les usages marchands et non marchands de l'eau (débits écologiques, par exemple).

- En cas d'événements climatiques extrêmes non couverts par les outils de gestion des risques, il est important de disposer d'une série de procédures préétablies de gestion de crise pour réduire le coût des pénuries ou excès d'eau.

La dernière composante essentielle d'une gestion efficiente des sécheresses et des inondations réside dans les systèmes d'assurance et de compensation. Pour plusieurs raisons, les marchés de l'assurance-récolte et de la protection contre les risques de catastrophe, en particulier de sécheresses, ont rarement été mis en place sans soutien important de l'État dans les pays de l'OCDE (aides à l'assurance-récolte et/ou réassureurs publics en dernier ressort, en particulier). Bien qu'une intervention publique puisse être justifiée pour les tranches de risques catastrophiques, un bon système d'assurance doit donner lieu à la perception de primes basées sur les risques afin d'encourager des choix de production qui limitent l'exposition et la vulnérabilité des systèmes agricoles aux sécheresses et inondations. En conséquence, une définition claire des frontières entre les différentes tranches de risques est indispensable pour que les autorités puissent intervenir à bon escient. Il serait aussi possible, dans certains cas, d'adopter des outils innovants tels que les obligations catastrophes et les assurances indicielles pour compléter le dispositif de mesures publiques et d'instruments de marché. Si nécessaire, les aides publiques à l'assurance agricole devraient être limitées pour éviter de gonfler artificiellement la demande d'assurance, l'objectif premier demeurant l'amélioration de la répartition des risques.

Chapitre 1

Décrire et mesurer l'ampleur des sécheresses et des inondations

Ce chapitre décrit de manière générale les composantes météorologique, hydrologique et socio-économique des risques de sécheresse et d'inondation. Il présente les démarches suivies pour définir et évaluer ces risques, et pour mesurer les coûts qu'ils imposent, notamment au secteur agricole. Il forme la base de l'analyse en matière d'économie et de politiques publiques présentées dans les chapitres suivants.

1.1. Composantes météorologique, hydrologique et socio-économique des épisodes de sécheresse et d'inondation

Il est possible de caractériser les épisodes de sécheresse et d'inondation en considérant trois composantes météorologique, hydrologique et socio-économique, qui sont elles-mêmes définies par un ensemble particulier d'indicateurs (voir l'encadré 1.1 pour de plus amples détails). Bien que distinctes, ces dimensions n'en demeurent pas moins liées (voir le graphique 1.1). Les indicateurs le plus couramment utilisés sont les indicateurs météorologiques et hydrologiques, car les conséquences économiques, sociales et environnementales sont plus difficiles à évaluer et peuvent varier considérablement selon les populations et les régions touchées. Il est toutefois important de mesurer ces impacts pour pouvoir estimer les coûts et les avantages des stratégies d'atténuation visant à contrer les risques d'inondation et de sécheresse[1].

Les sécheresses et les inondations sont invariablement causées par un ou plusieurs phénomènes météorologiques associés. La composante météorologique des sécheresses et des inondations consiste, pour l'essentiel, en un déficit ou un excès de précipitations par rapport à des valeurs de référence. Si les précipitations excessives ou insuffisantes constituent le facteur principal, d'autres variables telles que la température, l'humidité, l'air, le sol et le vent entrent également en ligne de compte. Ainsi, dans le cas de la fonte estivale des glaciers, qui vient alimenter les rivières en aval, la température constitue un élément majeur qui influence le débit des rivières, et donc les risques d'inondation. Parmi les indicateurs fondamentaux de la composante météorologique figurent, notamment, le pourcentage de précipitations normales, qui est égal au ratio entre les précipitations actuelles et une moyenne antérieure sur une période donnée, mais aussi des indicateurs plus complexes, comme l'indice de précipitations normalisé[2]. D'autres caractéristiques sont importantes pour définir les inondations et sécheresses météorologiques, en particulier leur date d'occurrence, leur durée et leurs caractéristiques géographiques (localisation et portée géographique). Le plus souvent, les inondations sont liées à des événements soudains qui résultent de tempêtes ou de fortes précipitations, tandis que les sécheresses sont jugées résulter d'une accumulation d'événements sur une longue période pouvant aller de quelques semaines à plusieurs mois, voire des années. Les caractéristiques des sécheresses varient considérablement selon les continents, les pays et les régions, comme l'illustre le graphique 1.2, qui présente le nombre et la durée d'épisodes de sécheresse majeurs survenus entre 1950 et 2000 à l'échelle continentale, ainsi que les conséquences à tirer pour bien gérer ces risques.

La dimension hydrologique des inondations et des sécheresses désigne l'état des ressources en eau dans les différents compartiments de l'hydrosystème. Fondamentalement, un excès ou un déficit de précipitations ont des répercussions qui se répandent à tous les éléments constitutifs de l'hydrosystème : les sols, les eaux superficielles et les eaux souterraines. Ce phénomène de propagation peut dépendre de facteurs et d'une forme d'inertie temporels, en se révélant dans un premier temps au niveau des sols, puis des eaux superficielles, avant de toucher les eaux souterraines, par exemple. Les disponibilités en eau globales pour les usagers dépendent de l'état des stocks et de l'écoulement de l'eau dans les différents compartiments de l'hydrosystème. Il est possible d'évaluer l'état des hydrosystèmes à l'aide d'indicateurs : taux d'humidité du sol, débit des cours d'eau et niveau des nappes phréatiques, des lacs et des barrages. L'état des ressources ne dépend pas uniquement des conditions météorologiques, mais il est influencé à la fois par ces conditions et l'utilisation anthropique de l'eau, par exemple l'aménagement des berges des rivières, la gestion des réservoirs et des barrages, le couvert végétal ou l'écoulement des eaux, notamment, qui influence la manière dont le déficit ou l'excès de précipitations se répercute sur les compartiments hydrologiques. Les hydrosystèmes ne sont pas uniquement des écosystèmes : ce sont des socioécosystèmes.

Encadré 1.1. Définir les sécheresses et les inondations

Il existe une multitude de définitions des sécheresses et des inondations, des plus abstraites aux plus concrètes et des plus descriptives aux plus pratiques. Ces phénomènes sont, en effet, étudiés dans tout un éventail de disciplines telles que la météorologie, l'hydrologie, l'agronomie, l'économie, la sociologie, la psychologie et les sciences politiques. En pratique, les gestionnaires de l'eau et les décideurs doivent pouvoir se fier à des définitions de travail pour organiser leurs programmes et piloter leurs interventions. Les économistes ont pour objectif de mesurer les coûts des sécheresses et des inondations, ce qui nécessite de suivre une démarche, et donc des indicateurs, différents. Les sociologues s'intéressent à des sujets tels que la réaction collective face à des phénomènes extrêmes, comme la gestion de crise. La définition des sécheresses ou des inondations peut donc varier selon les objectifs, les conditions locales et les contextes socio-économiques, et il n'en existe pas qui soit universelle.

Abstraction faite de ces complexités, les sécheresses peuvent être généralement définies comme une baisse temporaire des disponibilités en eau dans un hydrosystème donné, à la suite d'écarts prolongés par rapport aux niveaux de précipitations moyens. Fondamentalement, les sécheresses « diffèrent des autres catastrophes naturelles par la lenteur de leur survenue et leur durée, généralement longue », qui complique la détermination de l'apparition et de la durée d'un épisode (Commission européenne, 2007 ; Wilhite, 2007). Les sécheresses sont une caractéristique normale et récurrente du climat, bien qu'elles puissent devenir catastrophiques, dans certaines circonstances, selon, essentiellement, le degré de vulnérabilité de la société concernée et son aptitude à faire face à leurs conséquences, mais aussi la gravité et la durée de l'épisode (Kampragou et al., 2011).

Globalement, les crues peuvent être définies comme « une montée, en générale brève, du niveau d'un cours d'eau jusqu'à un maximum dont il redescend en général plus lentement » (OMM et UNESCO, 2012). Les principaux types de crues menaçant l'agriculture sont les inondations fluviales, les inondations soudaines et les inondations côtières. Les inondations fluviales se produisent lorsque le lit du cours d'eau ne suffit pas à contenir son débit. Les inondations soudaines « résultent de précipitations intenses et localisées et peuvent se produire pratiquement n'importe où » (Banque mondiale, 2010). Les zones côtières sont « sujettes à des inondations lorsque le niveau de la mer augmente à la suite de tempêtes tropicales ou de fortes tempêtes causées par d'intenses systèmes dépressionnaires au large » (Banque mondiale, 2010). L'impact des inondations sur le secteur agricole varie en fonction de la tolérance des cultures ou de l'aménagement des terres ainsi que des caractéristiques de l'épisode d'inondation (fréquence, durée, intensité et saisonnalité) (Morris et al., 2010).

Graphique 1.1. Caractéristiques et impacts des sécheresses et des inondations

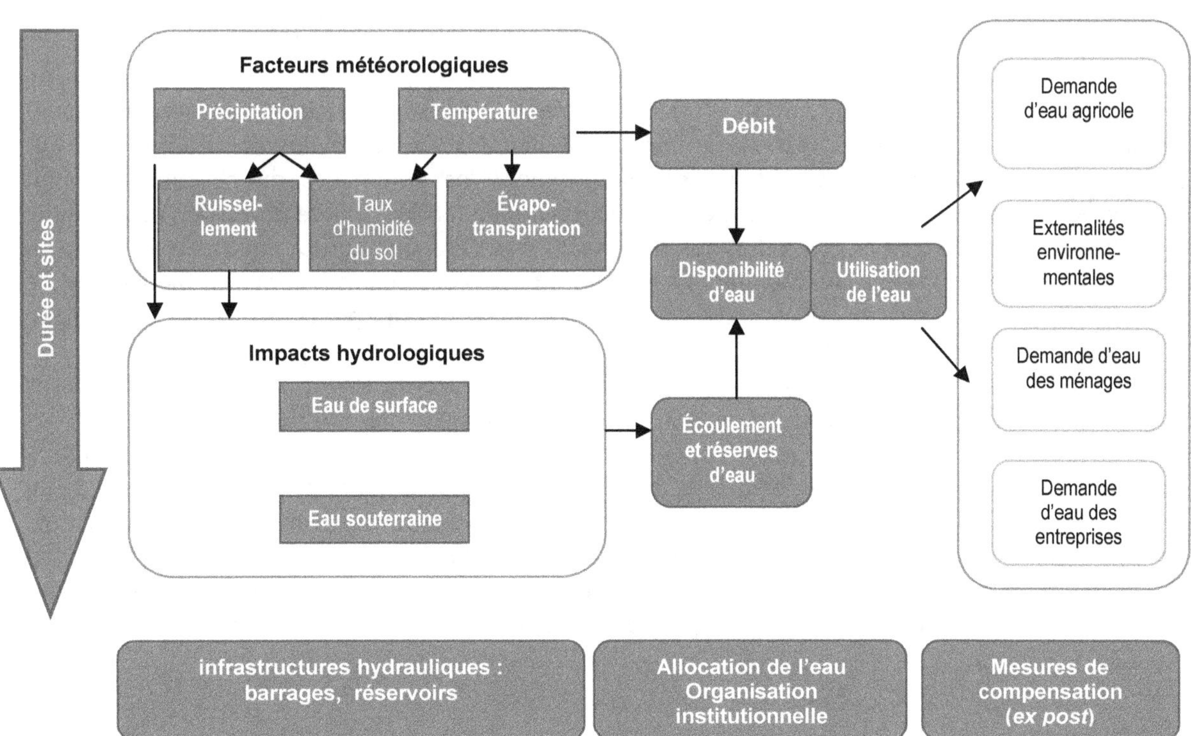

Graphique 1.2. Nombre et durée des épisodes de sécheresse sur les différents continents

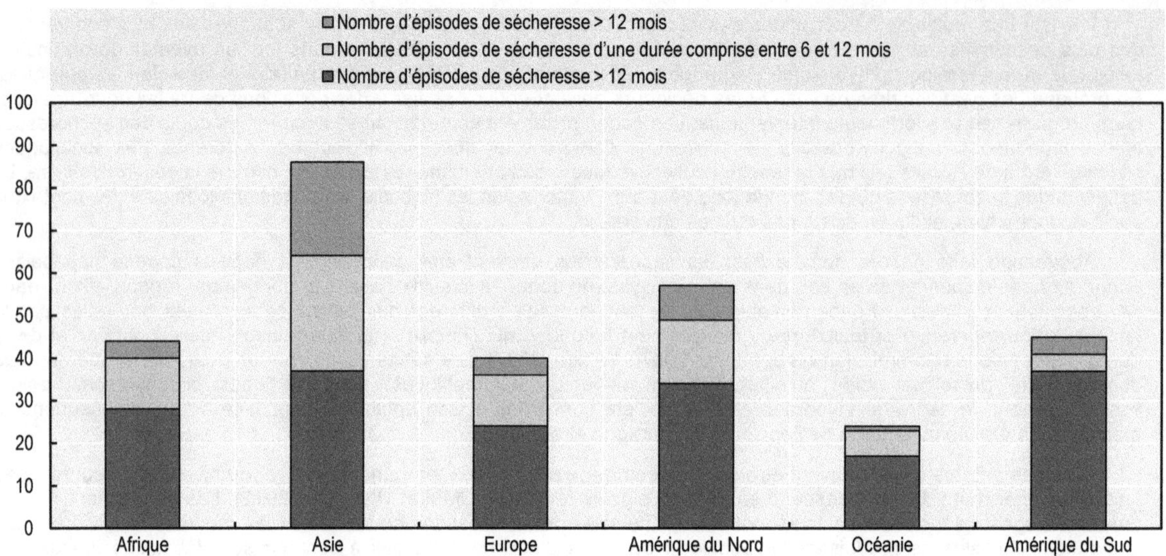

Source : basé sur Sheffield, J. et al. (2009).

Une distinction importante découle de ces observations : si les inondations sont généralement définies sous un angle hydrologique, il convient de bien distinguer les sécheresses, qui constituent une notion météorologique, des pénuries d'eau, qui désignent un déficit à court terme entre l'utilisation d'eau cumulée et les disponibilités en eau dans un hydrosystème donné. Ainsi, toutes les sécheresses ne se traduisent pas nécessairement par une pénurie d'eau, ce phénomène étant lié à l'exposition et à la vulnérabilité des sociétés concernées. Enfin, pénurie d'eau n'est pas synonyme de rareté de l'eau, cette dernière notion correspondant à un déficit cumulé entre utilisation et disponibilité de l'eau sur le plan structurel, à plus long terme.

Les dimensions économique, sociale et environnementale des sécheresses et des inondations ont trait aux impacts économiques, sociaux et environnementaux de ces événements extrêmes. Les conséquences économiques des sécheresses comprennent les dommages directs auxquels sont confrontés les secteurs dont les processus de production dépendent en grande partie de l'eau, comme l'agriculture, l'hydroélectricité, les industries manufacturières grandes consommatrices d'eau et les ménages. La plupart du temps, les inondations affectent les moyens de production des ménages et de différentes branches d'activité, et ont des répercussions négatives qui peuvent être de plus longue durée sur les capacités de production. Les sécheresses et les inondations peuvent aussi avoir des retentissements sur le plan social, en particulier lorsqu'elles concernent plus précisément des catégories de la population pauvres et vulnérables. Enfin, du point de vue de l'environnement, les sécheresses et les inondations peuvent également avoir des conséquences sur les services écosystémiques, et donc sur le bien-être social. Par exemple, elles peuvent conduire à un accroissement du lessivage des sédiments et des éléments fertilisants sous l'effet de l'érosion, ce qui nuit à la qualité de l'eau ; de même, le non-respect des débits réservés, durant les épisodes de sécheresse, peut conduire à une augmentation de la concentration de substances polluantes dans l'eau faute d'une dilution suffisante, ce qui peut avoir des effets préjudiciables sur la faune et la flore aquatiques.

1.2. Évaluer et définir les risques de sécheresse et d'inondation

Les risques sont généralement exprimés au moyen de distributions de probabilité. Pour estimer la distribution de probabilité des sécheresses et des inondations, il faut en premier lieu définir clairement la nature du risque encouru ainsi que l'indicateur utilisé pour le mesurer. Dans ce domaine, les analyses utilisent le plus souvent des indicateurs météorologiques et hydrologiques, car les impacts économiques, sociaux et environnementaux sont plus difficiles à évaluer et peuvent varier considérablement en fonction des individus, des régions et de la période considérés.

L'estimation de la distribution de probabilité du risque de sécheresse et d'inondation pose un certain nombre de problèmes, notamment :

- Chaque sécheresse ou inondation présente, entre autres, des caractéristiques spatiales, une intensité, des impacts relativement uniques. Il faut donc, pour estimer les paramètres d'une distribution de risques, normaliser les définitions dans une certaine mesure, ce qui peut s'avérer difficile en pratique.
- Caractère non stationnaire de l'exposition et de la vulnérabilité. Le changement climatique, mais aussi l'exposition au risque ne sont pas stationnaires : en effet, les agriculteurs modifient leurs plans de culture au fil du temps ; la composition du couvert végétal évolue lorsque l'on passe des zones urbaines, aux zones agricoles, forestières et autres. Il est donc difficile d'établir une relation stable entre un phénomène météorologique donné et ses impacts sur les systèmes humains.
- L'évaluation des « risques catastrophiques » ou des risques relatifs aux « phénomènes météorologiques extrêmes » se heurte à des problèmes de méthodologie particuliers, de sorte qu'il est plus difficile d'obtenir des estimations des risques fiables dans leur cas que dans celui d'événements plus répandus ou fréquents (encadré 1.2).

La définition et la qualification des sécheresses et des inondations posent un autre problème important lié à la nature même des risques, qui peuvent être « extrêmes », « catastrophiques » ou encore des « calamités », ce qui peut avoir des répercussions sur le choix des mesures de gestion. Or, bien que ces trois termes semblent proches, ils recouvrent en réalité des notions très différentes. D'après le GIEC (2012), un « phénomène météorologique extrême » désigne « le fait qu'une variable météorologique (...) prend une valeur située au-dessus (ou au-dessous) d'un seuil proche de la limite supérieure (ou inférieure) de la plage des valeurs observées pour cette variable ». Cette définition revêt une dimension essentiellement statistique, dans le cadre de laquelle la plage de valeurs extrêmes de la distribution de probabilité est représentée par les extrémités des queues gauche et droite de la distribution.

Cette approche statistique signifie aussi que les phénomènes météorologiques extrêmes sont relatifs, si l'on se base sur un ensemble de données de référence définissant ce qui est considéré constituer des conditions météorologiques moyennes ou « normales ». Cela veut souvent dire que la probabilité que ces phénomènes se produisent est faible, même si cela dépend en dernière analyse de la forme générale de la fonction de distribution de probabilité. Certains pays peuvent être confrontés fréquemment à des phénomènes météorologiques extrêmes, tous les cinq ans, voire tous les trois ans selon les régions. Dans ce cas précis, l'emploi de l'adjectif « extrême » est inadapté pour qualifier ces phénomènes. Les graves sécheresses qui surviennent en Australie et en Espagne sont un exemple de conditions météorologiques considérées comme habituelles[3].

Si les phénomènes météorologiques extrêmes peuvent être définis de manière objective, les notions de catastrophe et de calamités sont plus subjectives et ont des sens très différents. Premièrement, elles mettent davantage l'accent sur les impacts économiques, sociaux et environnementaux des phénomènes climatiques plutôt que de se concentrer sur leur probabilité et leurs caractéristiques météorologiques. Ainsi, l'ampleur des catastrophes naturelles est souvent déterminée en fonction des pertes humaines, du coût monétaire ou de la réduction de la biodiversité. Les deux notions peuvent toutefois se rejoindre : les phénomènes météorologiques extrêmes sont, en règle générale, plus susceptibles de provoquer des dommages économiques, sociaux et environnementaux catastrophiques, mais cela n'est pas toujours le cas. L'ampleur des dommages dépend du degré d'exposition et de vulnérabilité du système concerné, qui peut varier selon les régions et l'action publique menée pour gérer les sécheresses et les inondations. Il se peut aussi qu'une mauvaise gestion d'épisodes de sécheresse ou d'inondation modérés engendre des dégâts catastrophiques.

Deuxièmement, les termes « catastrophes » et « calamités » ont une forte connotation subjective et émotionnelle et sont utilisés dans des contextes divers. Ils peuvent être employés pour qualifier aussi bien un accident aérien, qu'une épidémie ou de mauvaises récoltes provoquées par une sécheresse. En allant un peu plus loin, on peut même affirmer que le mot « catastrophe » est, par nature, plus prescriptif que descriptif. Cela se manifeste, en pratique, par le fait que dans un certain nombre de pays, la déclaration de catastrophe naturelle déclenche la prise de mesures particulières et exceptionnelles qui vont au-delà des mesures de gestion des risques habituelles. Le fait de qualifier un phénomène de catastrophe fixe donc les contours de la gestion des risques.

Encadré 1.2. Évaluer la probabilité de phénomènes météorologiques extrêmes : un défi sur le plan statistique

Évaluer la probabilité des phénomènes météorologiques extrêmes pose d'importantes difficultés sur le plan statistique. S'il est possible de recourir aux statistiques descriptives, les observations réunies sur les désastres causés par les précipitations pendant la période considérée peuvent ne pas inclure la totalité des valeurs extrêmes possibles car certains épisodes dramatiques de sécheresse et d'inondation sont tellement rares que l'échantillon ne comprend aucune observation les concernant. L'une des méthodes permettant de remédier à ce problème, appelée théorie des valeurs extrêmes (TVE), permet d'estimer l'occurrence de valeurs allant au-delà des extrêmes observés (Reiss et Thomas, 2007). La TVE repose sur le principe du calibrage d'une distribution de probabilité relative de l'écoulement des eaux (précipitations, débit des cours d'eau) et extrapole la fonction de distribution au-delà des valeurs extrêmes observées. Les résultats de cette extrapolation peuvent être utilisés pour analyser la probabilité que des phénomènes tels que des sécheresses et des inondations, qui ne pourraient pas être observés autrement, surviennent. Cette méthode possède toutefois quelques inconvénients (annexe 1.A1).

Cette méthode permet d'estimer la fréquence d'un phénomène d'une ampleur donnée. En général, cette fréquence est exprimée en période de retour (autrement dit, l'intervalle de temps moyen séparant deux réalisations d'un événement extrême d'une ampleur donnée). Par exemple, une crue centennale a une période de retour de cent ans ; en d'autres termes, cette crue est susceptible de se produire une fois tous les 100 ans, en moyenne. Bien que la distribution ajustée permette de calculer de très longues périodes de retour, leur fiabilité n'en demeure pas moins réduite. Le changement climatique est de surcroît source d'incertitude, ce qui peut grandement biaiser le résultat de ces calculs.

En somme, bien que les phénomènes météorologiques extrêmes puissent être estimés à l'aide d'outils statistiques spécifiques, la gestion d'événements tels que les sécheresses et les inondations doit faire face à un degré d'incertitude résiduelle considérable. Le caractère non stationnaire du climat dû au changement climatique ajoute un degré d'incertitude supplémentaire à la situation générale. Tout changement de la distribution globale des précipitations modifie la valeur des précipitations moyennes. Une telle évolution peut accroître considérablement la probabilité des valeurs extrêmes au-dessus du seuil critique, dans la queue gauche de la distribution. Cela signifie qu'un déplacement vers la gauche correspond à une baisse du volume de précipitations moyen et à une augmentation du nombre de cas de déficit* extrême de précipitations.

* Le terme « déficit » désigne un niveau situé en dessous d'un seuil physique, tandis que celui de « pénurie » désigne un niveau inférieur à la demande.

1.3. Évaluer les coûts des sécheresses et des inondations pour l'agriculture et les autres secteurs

Dans le secteur agricole, les impacts économiques de la sécheresse se traduisent non seulement par une baisse des rendements des cultures et de la production animale, mais également par une intensification des attaques d'insectes, des maladies des plantes et de l'action érosive du vent (Commission européenne, 2007). À l'échelle macroéconomique, les sécheresses sont rarement considérées comme un événement catastrophique pour le secteur agricole dans les pays de l'OCDE, bien qu'elles puissent avoir des conséquences significatives. Les inondations, quant à elles, constituent un risque important dans le monde entier, et ont causé des dommages estimés à 700 milliards USD pour la période 1985-2008 (Morris et al., 2010). Parce qu'elle couvre une grande partie du paysage, l'agriculture peut toutefois à la fois être exposée au risque d'inondation et avoir une contribution positive générale en atténuant ce risque au niveau des hydrosystèmes dans la mesure où elle offre des zones d'inondations ou donne lieu à l'adoption en amont de pratiques agronomiques qui permettent de réduire les risques d'inondation en aval (Morris et al., 2010).

Dans le domaine de l'agriculture, les coûts économiques des sécheresses et des inondations peuvent être directs ou indirects, instantanés ou induits (tableau 1.1). En général, les coûts directs et à court terme sont liés aux pertes enregistrées au niveau de la production végétale et de la production animale. Les impacts directs, mais induits (à plus long terme) comprennent la destruction de moyens de production tels que les machines et les bâtiments ainsi que la baisse des valeurs foncières, qui sont susceptibles de réduire la productivité à plus long terme et de nécessiter la mobilisation de ressources importantes pour relancer l'activité. Les sécheresses et les inondations peuvent aussi avoir des impacts indirects en dehors du secteur agricole par l'intermédiaire de secteurs connexes ou des marchés agricoles. Par exemple, une grave sécheresse dans un grand pays exportateur de produits agricoles peut entraîner une forte contraction de la production mondiale et conduire à une hausse des cours mondiaux des produits de base. Lorsqu'il existe un marché des assurances ou des mécanismes de compensation, le coût des sécheresses et des inondations peut être supporté dans une plus large mesure par les titulaires de polices d'assurance ou par les contribuables, selon les caractéristiques de partage des risques de ces dispositifs.

En règle générale, les coûts directs et matériels, comme la baisse du rendement des cultures, sont plus faciles à quantifier que les coûts indirects et immatériels, tels que la perte de biodiversité ou l'érosion des sols, ainsi que leur impact sur la productivité du sol (Volker et al., 2012 ; Meyer et al., 2013). Parfois, les coûts directs et matériels des sécheresses et des inondations peuvent en effet ne représenter que la « partie émergée de l'iceberg », par opposition à la totalité des coûts « réels » (mais non observés) de ces phénomènes météorologiques. Cette hétérogénéité au niveau de l'évaluation des coûts peut non seulement conduire à une sous-estimation des coûts des sécheresses et des inondations, mais aussi engendrer des distorsions et favoriser des secteurs pour lesquels il est davantage possible d'estimer les coûts. Il importe donc de faire preuve de prudence lorsque l'on compare les coûts des sécheresses et des inondations entre différents pays et à différentes périodes.

Autre difficulté, l'agriculture est exposée à toute une gamme de risques susceptibles d'affecter la production et le revenu : risques météorologiques, ravageurs et maladies, risques de fluctuation des prix (des intrants comme des extrants), risques institutionnels (par suite de modification de la réglementation ou du cadre de l'action publique). L'importance relative et la conjonction de ces risques peuvent varier considérablement selon les pays et les systèmes de production agricole, ce qui peut expliquer les différents types et degrés de réaction de la part des pouvoirs publics (OCDE, 2011). L'impact des sécheresses et des inondations sur le revenu des agriculteurs doit donc être considéré comme un tout. Les risques peuvent être corrélés de manière positive ; un épisode de sécheresse ou une inondation peut, par exemple, accroître les risques d'invasions de ravageurs et de maladie et aggraver les pertes de récolte. On observe toutefois, dans certains pays, une corrélation négative entre les risques associés aux rendements et aux prix, qui peuvent dans une certaine mesure se compenser au niveau de la formation des revenus des agriculteurs (OCDE, 2011). Dans certains cas, ces revenus peuvent même augmenter si les prix fluctuent plus que ce qui est nécessaire pour compenser les baisses de rendement. Les risques sont alors répercutés, par l'intermédiaire des prix, le long de la filière des produits agricoles.

En l'absence d'une méthode systématique et normalisée d'évaluation des coûts des sécheresses et des inondations dans le secteur agricole il est nécessaire de procéder à des évaluations au cas par cas. Par exemple, la sécheresse que la France a connue en 1976 a entraîné une baisse des revenus des agriculteurs de 9 % par rapport aux années plus normales, tandis que la sécheresse de 2005 a provoqué une baisse de revenus de 22 % par rapport à 2004 (Amigues et al., 2006). En termes quantitatifs, la sécheresse constitue le risque principal en France, et est la cause de 57 %, en moyenne, des indemnités versées par le Fonds national de garantie contre les calamités agricoles (FNGCA) (Babusiaux et al., 2000). Durant les épisodes de sécheresse les plus graves des 40 dernières années, les hausses de prix ont, dans certains cas, compensé dans une certaine mesure les baisses des rendements, mais les facteurs externes déterminants des cours des produits de base semblent avoir joué un rôle plus important que la chute de la production.

Tableau 1.1. Coûts des inondations et des sécheresses dans le secteur agricole

	Instantanés (court terme)	Induits (moyen à long terme)
Inondations		
Coûts directs	Victimes humaines Dégradation/destruction de biens économiques Dépenses urgentes Pertes au niveau des élevages Dégradation/destruction des infrastructures	Perte de valeur ajoutée causée par la dégradation des facteurs de production Relogement des ménages Déplacement du bétail
Coûts indirects	Augmentation des temps de déplacement causé par l'endommagement des infrastructures Retard ou annulation des approvisionnements en provenance de la zone inondée (intrants, machines, par ex.)	Perte de valeur ajoutée causée par l'interruption de l'exploitation dans la zone affectée Perte de valeur ajoutée due à la dégradation des infrastructures Coûts de (re)financement, charges d'emprunt
Sécheresses		
Coûts directs	Dégradation/destruction de biens économiques Impacts négatifs sur la production animale et la santé Baisse des rendements agricoles et des superficies cultivées en raison de la pénurie d'eau provoquée par la sécheresse	Perte de valeur ajoutée provoquée par la dégradation de facteurs de production tels que les sols. Déplacement du bétail
Coûts indirects	Hausse du coût de pompage de l'eau d'irrigation ou des prix de l'eau Coût d'achat d'aliments supplémentaires pour les animaux en raison de la baisse de la production des pâturages Augmentation du coût d'exploitation agricole due au mauvais état du sol ou à une chaleur excessive	Perte de valeur ajoutée causée par l'interruption de l'exploitation Perte de valeur ajoutée due à la dégradation des infrastructures Coûts de (re)financement, charges d'emprunt

Source: basé sur Brémond, P., F. Grelot, and A.-L. Agenais (2013). www.nat-hazards-earth-syst-sci.net/13/2493/2013/nhess-13-2493-2013.pdf.

Graphique 1.3. Indemnités versées au titre de l'assurance-récolte et versements d'aides aux sinistrés aux États-Unis, 1970-2013

Milliards USD de 2013

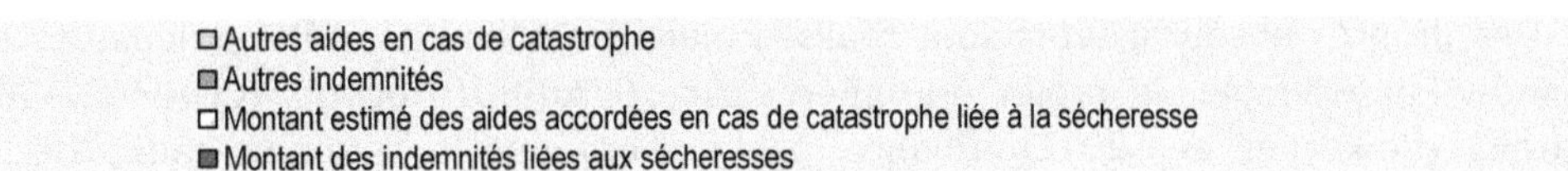

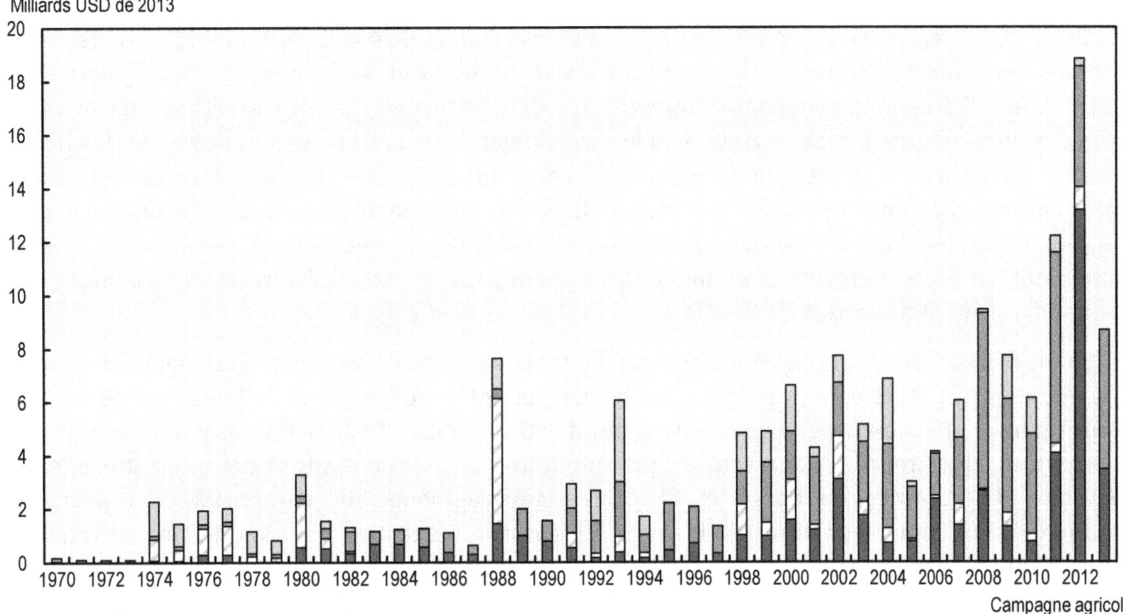

Source : Wallander et al. (2013), www.ers.usda.gov/media/1094660/err148.pdf.

Aux États-Unis, la sécheresse est le principal risque auquel est exposée la production agricole, bien que cette exposition diffère très fortement selon les États. Selon les estimations, les sécheresses ont motivé, en moyenne, environ 40 % des indemnités versées au titre de l'assurance-récolte entre 1948 et 2010 (Wallander et al., 2013). Le graphique 1.3 indique les indemnités versées dans le cadre de l'assurance-récolte ainsi que les versements d'aides aux sinistrés à la suite de sécheresses et d'autres phénomènes météorologiques depuis 1970, et fait ressortir l'ampleur des risques. Les sécheresses survenues en 2011-2012 aux États-Unis ont entraîné le versement d'indemnités d'un montant sans précédent, bien que l'élargissement du champ d'application du programme explique aussi cette évolution à la hausse. La sécheresse dont a souffert la Californie en 2014 devrait également engendrer des coûts très lourds pour l'agriculture et les autres usagers et utilisations de l'eau. Si l'on considère les effets de la sécheresse sur les prix; on observe une corrélation négative significative entre les prix et les rendements, surtout dans la *Corn Belt*, qui protège naturellement dans une certaine mesure les revenus des agriculteurs (Harwood et al., 1999).

Le manque d'informations détaillées sur les coûts des sécheresses et des inondations fait obstacle à l'amélioration des stratégies de gestion. Il empêche, notamment, de procéder à de solides analyses coût-efficacité ou coûts-avantages, qui pourraient fournir des indications précieuses aux citoyens, aux parties prenantes et aux décideurs. Le manque d'informations et de connaissances n'est pas l'unique obstacle observé : la complexité des analyses coûts-avantages s'accroît par suite de la prise en compte des risques et des incertitudes. Le manque de données relatives aux coûts non seulement pose un problème pour les évaluations ex ante, mais peut aussi être un argument décisif dans le cadre de la prise de décisions. Lors de négociations entre différents usagers (secteurs de l'agriculture, de l'industrie ou du tourisme) et usages de l'eau (débits écologiques), par exemple, l'utilisation des coûts monétaires offre une solide base à l'argumentation ; elle peut, toutefois, à terme, donner lieu à une allocation inefficace des ressources en eau ou privilégier les stratégies d'atténuation à court terme au détriment de solutions visant à préserver la viabilité à long terme.

Des progrès encourageants sont réalisés malgré ces limites méthodologiques et le manque de données. Par exemple, le projet européen *Cost of Natural Hazards* (CONHAZ – Coût des risques naturels) (Volker et al., 2012), financé par le Septième programme-cadre de la Communauté européenne pour des actions de recherche, de développement technologique et de démonstration (FP7, 2007-2013), entrepris entre 2010 et 2012, a donné lieu à une évaluation au moyen de techniques de pointe des coûts de risques naturels tels que les sécheresses et les inondations. Il a également visé à déterminer s'ils étaient convenablement utilisés dans les analyses coût-avantages des stratégies d'atténuation et de prévention et a recensé les principales lacunes des méthodologies et des données (Meyer et al., 2013). Ce projet, loin de se limiter à l'agriculture, couvre tous les secteurs exposés à des risques naturels. Le rapport propose une série détaillée de recommandations afin d'accroître le champ et la qualité des évaluations des coûts des risques naturels et, notamment des conseils axés plus précisément sur les sécheresses et les inondations, pour assurer une meilleure prise en compte de ces informations dans le processus de décision.

Enfin, il existe des liens entre les aspects météorologiques et hydrologiques des sécheresses et des inondations et leurs conséquences pour les usagers et les utilisations de l'eau, qui peuvent être mesurés par les effets de la pénurie ou de l'excès d'eau sur le plan financier et les pertes économiques subies par les agriculteurs[4]. Les caractéristiques physiques des sécheresses et des inondations, comme la période d'occurrence, la durée et la portée géographique ont d'importantes répercussions économiques. La dimension temporelle est tout aussi importante : un épisode de sécheresse ou d'inondation survenant en dehors de la période de végétation aura un impact économique moindre. La dimension géographique revêt de l'importance pour l'évaluation des impacts sur l'agriculture, certains agents peuvent être touchés par suite d'une corrélation spatiale. Le risque de corrélation spatiale se pose lorsque des phénomènes météorologiques extrêmes frappent simultanément de vastes zones géographiques, et causent d'importants dégâts à la production agricole. La couverture spatiale et la gravité des sécheresses varient selon les saisons et les années, mais les données topographiques permettent de mieux anticiper la portée géographique des inondations.

Notes

1. L'objectif du présent rapport n'est pas de faire un point complet sur les définitions des sécheresses et des inondations, mais plutôt de cerner les éléments pertinents à intégrer dans une stratégie permettant de gérer, d'atténuer et de faire face à ces risques de façon adéquate à court et long terme.

2. L'indice de précipitations normalisé mesure la rareté relative d'un épisode de sécheresse sur la base des précipitations cumulées dans un endroit et à une période données. Il fait l'objet d'un ajustement statistique basé sur la distribution gamma.

3. Dans le cas extrême où la sécheresse est permanente, on parle d'aridité.

4. Il est souvent difficile de modéliser les corrélations entre un phénomène météorologique et les dommages qu'il provoque, sauf dans le cas des phénomènes les plus catastrophiques. L'évaluation des dommages dus à des inondations de courte durée, tels que les dommages subis par les cultures de plein champ, peut être réalisée immédiatement par le biais d'une inspection physique. Dans le cas des sécheresses, une série d'études statistiques entreprises dans les années 2000 a donné lieu à l'analyse de l'influence de paramètres climatiques (précipitations,

température, humidité du sol) sur le rendement des cultures. Ces études ont révélé qu'un nombre limité de variables climatiques, notamment le cumul de degrés-jour, expliquent en grande partie le rendement des cultures. Elles ont aussi identifié les seuils au-delà desquels les rendements chutent radicalement (Ortiz-Bobea, 2013 montants des indemnités liées aux sécheresses; Roberts et al., 2013). Ces études servent principalement à effectuer des projections de l'impact du changement climatique sur les rendements des cultures plutôt qu'à estimer concrètement les baisses de rendement à des fins d'indemnisation, notamment.

Références

Amigues, J.P., et al. (directeur de publication) (2006), *Sécheresse et agriculture. Réduire la vulnérabilité de l'agriculture à un risque accru de manque d'eau*, Expertise scientifique collective, synthèse du rapport, INRA, France.

Babusiaux, C. (2000), *L'assurance récolte et la protection contre les risques en agriculture*, Ministère de l'Agriculture et de la Pêche, Ministère de l'Économie, des Finances et de l'Industrie, Paris.

Banque mondiale (2010), « Assessment of Innovative Approaches for Flood Risk Management and Financing in Agriculture », *Agriculture and Rural Development Discussion Paper 46*, Washington DC.

Brémond, P., F. Grelot, et A.-L. Agenais (2013), "Review Article: Economic evaluation of flood damage to agriculture – review and analysis of existing methods", *Natural Hazards and Earth System Sciences*, Vol. 13, pp. 2493–2512, www.nat-hazards-earth-syst-sci.net/13/2493/2013/nhess-13-2493-2013.pdf.

Commission européenne (2007), « Mediterranean water scarcity and drought report. Technical report on water scarcity and drought management in the Mediterranean and the Water Framework Directive » *Technical Report - 009 – 2007*, Mediterranean Water Scarcity and Drought Working Group, Bruxelles.

GIEC (2012), *Managing the Risks of Extreme Events and Disasters to Advance Climate Change Adaptation. A Special Report of Working Groups I and II of the Intergovernmental Panel on Climate Change*, Cambridge University Press, Cambridge et New York.

Harwood, J., R. Heifner, K. Coble, J. Perry, et A. Somwaru (1999), « Managing Risk in Farming: Concepts, Research, and Analysis », *Agricultural Economic Report*, No. 774.

Kampragou, E., S. Apostolaki, E. Manoli, J. Froebrich et D. Assimacopoulos (2011), « Towards the harmonization of water-related policies for managing drought risks across the EU », *Environmental Science and Policy*, Vol. 14, pp. 815-824.

Klein Tank, A.M.G., F.W. Zwiers et X. Zhang (2009), "Guidelines on analysis of extremes in a changing climate in support of informed decisions for adaptation", *Climate data and monitoring* WCDMP-No. 72, WMO-TD No. 1500.

Meyer, V. et al. (2013), « Review article: Assessing the costs of natural hazards – state of the art and knowledge gaps », *Natural Hazards and Earth System Sciences*, Vol. 13, pp. 1351–1373, www.nat-hazards-earth-syst-sci.net/13/1351/2013/nhess-13-1351-2013.html.

Meyer, V. et al. (2012), *Costs of Natural Hazards – A Synthesis,* Costs of Natural Hazards – A Synthesis, disponible à www.ufz.de/export/data/2/122169_CONHAZ_WP09_1_Synthesis_Report_final.pdf.

Morris, J., T. Hess and H. Posthumus (2010), « Agriculture's Role in Flood Adaptation and Mitigation : Policy Issues and Approaches », dans OCDE, *Gestion durable des ressources en eau dans le secteur agricole*, Éditions OCDE, Paris. http://dx.doi.org/10.1787/9789264083592-9-f .

OCDE (2011), *Gestion des risques en agriculture : Évaluation et conception des politiques, Éditions OCDE, Paris.* http://dx.doi.org/10.1787/9789264174795-fr.

Sheffield, J., K.M. Andreadis, E.F. Wood, and D.P. Lettenmaier (2009), « Global and continental drought in the second half of the 20th century: severity-area-duration analysis and temporal variability of large-scale events », *Journal of Climate*, Vol. 22(8), pp. 1962-1981.

Volker M., N. Becker, M. Markantonis et al. (2012), *Costs of Natural Hazards – A Synthesis,* Costs of Natural Hazards – A Synthesis, disponible à : http://conhaz.org/outcomes-1.

Wallander, S., M. Aillery, D. Hellerstein, et M. Hand (2013), *The Role of Conservation Programs in Drought Risk Adaptation*, ERR-148, US Department of Agriculture, Economic Research Service, Washington, DC. www.ers.usda.gov/media/1094660/err148.pdf.

Wilhite D. (2007), « Preparedness and Coping Strategies for Agricultural Drought Risk Management: Recent Progress and Trends », publié sous la direction de Sivakumar, M.V.K. et R.P. Motha,dans *Managing Weather and Climate Risks in Agriculture*, Springer, Londres.

Annexe 1.A1

Théorie statistique des valeurs extrêmes

La méthode des dépassements de seuils et la méthode des maxima par blocs ont toutes deux été établies sur la base de la théorie des valeurs extrêmes pour déterminer la probabilité d'événements extrêmes. Ces méthodes se distinguent l'une de l'autre par la manière dont elles sélectionnent les événements extrêmes dans l'échantillon de données et par la distribution de probabilité qui est appliquée suivant leur méthodologie particulière.

L'approche des *maxima par blocs* exige que la valeur maximum observée au cours de chaque période (qui est choisie de manière arbitraire et peut couvrir plusieurs semaines ou mois) soit sélectionnée. Elle consiste à représenter les valeurs extrêmes au moyen de la distribution de la loi des valeurs extrêmes généralisée (GEV) (qui est une combinaison des distributions des valeurs extrêmes maxima de Gumbel, Fréchet et Weibull). La méthode des *dépassements de seuils (*POT*)* prend en compte toutes les valeurs supérieures à un seuil déterminé et est basée sur la distribution de la loi de Pareto généralisée (GPD) (Reiss and Thomas, 2007).

Le principal inconvénient de la méthode des *maxima* tient au fait que des événements sont retenus pour chaque année couverte par les mesures. La méthode des dépassements de seuils sélectionne les valeurs extrêmes pour chaque valeur supérieure à un seuil déterminé et est plus souple que la méthode des maxima par blocs. Le choix du seuil retenu pour la sélection des valeurs extrêmes pose toutefois un important problème pratique, car il exige de procéder à un arbitrage entre biais et variance. Le seuil doit non seulement être suffisamment élevé pour que son dépassement suive la loi de GPD, mais aussi permettre de constituer un échantillon d'une taille suffisante (Reiss et Thomas, 2007 ; Organisation météorologique mondiale, 2009).

Ces méthodologies reposent sur l'hypothèse que les événements sont indépendants et identiquement distribués, par exemple que l'échantillonnage ne sélectionne pas de maxima « proches » qui concernent la même grande inondation. Toutefois, de nombreuses variables environnementales (température, précipitation, vitesse du vent) sont corrélées dans le temps et il existe des tendances saisonnières et à long terme. L'hypothèse d'indépendance peut être assouplie par l'examen de grappes de maxima plutôt que de tous les dépassements dans le cadre de la méthode POT, et il est possible d'assouplir l'hypothèse de distribution identique en permettant aux paramètres du modèle Poisson–GP de dépendre de covariables (par exemple de cycles annuels ou diurnes).

Les techniques d'extrapolation ou de prévision des valeurs extrêmes donnent lieu à l'imposition d'une loi de distribution de probabilité puis à l'inversion de cette distribution pour calculer les fréquences (Reiss et Thomas, 2007).

Chapitre 2

Conséquences économiques des sécheresses et des inondations pour l'agriculture

Ce chapitre présente et analyse les défaillances du marché liées aux risques hydrologiques, et leurs conséquences pour l'action publique. Il décrit également les principaux déterminants de l'action publique et des marchés qui ont un impact sur la vulnérabilité de l'agriculture aux sécheresses et aux inondations.

2.1. Conséquences économiques des risques en agriculture

Une approche économique des risques part fondamentalement du principe que ces derniers imposent certains coûts aux agents économiques, qu'il est théoriquement possible d'exprimer en termes monétaires. Ce concept est représenté de manière formelle par celui de prime de risque, qui correspond au montant qu'un agent économique particulier est prêt à payer, en termes monétaires, pour transformer un risque donné en un résultat certain équivalant à la concrétisation attendue du risque lui-même[1]. En économie, le coût du risque dépend essentiellement :

- des caractéristiques du risque, qui sont décrites par une série de probabilités et les résultats correspondants (fonctions de distribution de probabilité) ;
- des attitudes des agents économiques à l'égard du risque. L'économie du risque fait généralement la synthèse de ces préférences en recourant au concept d'aversion au risque. Fondamentalement, moins un agent est disposé à prendre des risques, plus il est prêt à payer afin d'éliminer un risque donné, toutes choses étant égales par ailleurs.

On suppose généralement que la plupart des agents économiques sont averses au risque, bien que le degré de leur aversion au risque puisse être très variable. Il est couramment posé en hypothèse que le degré d'aversion au risque diminue généralement à mesure que la « richesse » de l'agent augmente. En d'autres termes, plus les individus sont riches, plus leur consentement à payer pour éliminer un risque faiblit. Les activités agricoles étant intrinsèquement risquées d'un point de vue économique, de nombreuses études ont tenté d'estimer le degré d'aversion au risque des agriculteurs et de décrire les principales variables explicatives (OCDE, 2011). Il est utile de connaître les préférences des agriculteurs en matière de risque pour évaluer les coûts et les avantages des outils de gestion de ces derniers et des politiques publiques axées sur la gestion du risque agricole. Inviter les agriculteurs à faire part de leurs préférences en matière de risques demeure néanmoins une tâche délicate, en particulier lorsqu'il s'agit de faire la part entre les véritables préférences et les considérations technologiques. D'après les nombreuses études en la matière dans nombre de pays membres et non membres de l'OCDE, le coefficient d'aversion au risque des agriculteurs serait compris entre 2 et 7-8.

D'un point de vue microéconomique, il convient de noter que l'aversion au risque et la prime de risque correspondante sont essentiellement des notions psychologiques pouvant être perçues comme l'attitude particulière des agents économiques vis-à-vis des risques. Cependant, au-delà du coût psychologique du risque, les risques peuvent parfois nuire aux résultats attendus, comme les profits des agriculteurs, et représenter ainsi une autre forme de coût que les agriculteurs doivent assumer s'ils ont une attitude neutre face au risque. Cela est notamment le cas lorsque le barème de l'impôt sur le revenu est convexe, ou lorsque les imperfections des marchés financiers font augmenter le coût de refinancement après un choc négatif et le rendent convexe (Froot et al., 1993).

Les risques étant coûteux pour les agriculteurs, ces derniers sont incités à investir dans la gestion des risques, et plus précisément dans des activités d'atténuation, de partage et de transfert des risques. L'atténuation des risques recouvre des activités coûteuses visant à réduire l'impact des risques pour l'exploitation agricole. On distingue généralement l'autoassurance, qui consiste à réduire les pertes causées par un risque donné lorsque celui-ci se concrétise, de l'autoprotection, qui vise à limiter la probabilité du risque (Ehrlich et Becker, 1976). Il existe divers types d'activités de gestion des risques dans le domaine agricole. Les plus courantes sont le recours à des variétés résistantes aux sécheresses, la diversification des cultures et l'usage de pesticides. Les agriculteurs sont souvent confrontés à une large gamme de risques comme les conditions météorologiques, les ravageurs ou les maladies, que leurs choix de pratiques agronomiques peuvent atténuer. Cependant, ils sont contraints le plus souvent de faire des concessions : l'atténuation des risques implique en effet des arbitrages entre les résultats attendus (comme le revenu) et la variabilité de ces résultats[2].

Les agriculteurs peuvent non seulement atténuer les risques auxquels ils sont confrontés, mais aussi réduire leurs coûts en les partageant avec les autres professionnels du secteur par l'intermédiaire des marchés des assurances, ou les transférer à des investisseurs via des instruments financiers. Le mécanisme de l'assurance repose sur la loi des grands nombres, qui permet de répartir les risques entre les assurés en échange d'une prime d'assurance équivalant au coût estimé du risque (sans tenir compte des coûts de gestion du système d'assurance lui-même). En principe, le partage des risques via les marchés des assurances permet de répartir ces risques de manière efficiente sur le plan économique entre les différents agents. En pratique, cependant, plusieurs problèmes, tels que des dysfonctionnements de la part des marchés ou des pouvoirs publics, entravent le développement des marchés des assurances dans le secteur de l'agriculture : asymétrie de l'information (antisélection, aléa moral *ex ante* et *ex post*), aversion pour l'ambiguïté, méconnaissance des risques, etc. Ces problèmes sont particulièrement importants dans le cas de l'assurance contre les sécheresses et les inondations dans le secteur agricole.

Enfin, la gestion des risques est aussi étroitement liée à la dimension temporelle, qui est souvent insuffisamment prise en compte. Premièrement, les agriculteurs font des choix d'investissements qui peuvent être à forte intensité de capital et optent ensuite pour un mode de développement particulier à une certaine échéance. Ces stratégies d'investissement peuvent avoir des conséquences sur l'exposition au risque à moyen ou long terme. Par exemple, si un agriculteur choisit de se spécialiser dans un petit nombre de cultures et que les risques relatifs aux conditions climatiques ou au marché évoluent, il pourrait être très onéreux de modifier l'ensemble du système de production pour s'adapter aux nouvelles conditions. Ce constat ne se limite pas à l'agriculture. Deuxièmement, les agriculteurs peuvent gérer les risques dans le temps, en constituant une épargne de précaution afin de lisser leurs revenus sur différentes périodes et ainsi réduire leur vulnérabilité à court terme à des chocs négatifs liés au climat ou aux marchés.

Dans la large gamme de risques auxquels les agriculteurs sont communément confrontés, les risques de sécheresse et d'inondation comportent plusieurs spécificités ayant des implications en matière d'action publique et qui seront décrites plus en détail dans les sections suivantes :

- l'eau est un « bien économique » particulier assorti de caractéristiques spécifiques, qui ont une incidence sur l'atténuation des risques liés à l'eau associés aux sécheresses et aux inondations ;
- les marchés des assurances contre les risques de sécheresse et d'inondation sont souvent incomplets en raison d'un ensemble complexe de défaillances au niveau des comportements, des marchés et des pouvoirs publics.

2.2. Défaillances du marché dues aux risques liés à l'eau

L'eau est un intrant direct ou indirect essentiel pour la production agricole, notamment pour les cultures irriguées ou non irriguées ainsi que pour l'élevage. Dans le cas des cultures et les pâturages non irrigués, l'humidité du sol constitue un facteur clé du processus de production, qui dépend principalement des conditions météorologiques – bien que les agriculteurs puissent, à l'aide de certaines pratiques agronomiques, jouer sur la teneur en eau du sol. Dans le contexte des cultures pluviales, l'eau ne représente pas un intrant dans le sens économique du terme, car les agriculteurs ne procèdent pas à son achat, mais plutôt un facteur de production exogène. En ce qui concerne l'irrigation, les agriculteurs dépendent de ressources en eau provenant de différents milieux (eaux de surface et eaux souterraines), dont l'exploitation nécessite un équipement particulier. L'accès à l'eau d'irrigation est tributaire des caractéristiques physiques de l'hydrosystème et des conditions météorologiques (précipitations, évapotranspiration), qui sont des facteurs exogènes, mais également de règles institutionnelles qui définissent les droits d'utilisation de l'eau et les coûts correspondants.

Les ressources en eau sont utilisées à des fins diverses dans le cadre de pratiques extractives, comme l'irrigation, ou non extractives, telles que les activités de loisirs ou de maintien du bon fonctionnement des écosystèmes (OCDE, 2010). Ces différentes catégories d'utilisation sont liées à des valeurs économiques positives pouvant être privées (comme l'eau d'irrigation) ou collectives (comme les débits réservés). Les utilisations de l'eau peuvent être rivales, c'est-à-dire qu'un stock de ressources est source de concurrence. Cependant, les utilisations non extractives (qui ne nécessitent aucun prélèvement ou captage des sources d'eaux souterraines ou superficielles) et non consommatrices (à l'issue desquelles les débits regagnent l'hydrosystème) permettent à d'autres usagers de réutiliser les ressources, ce qui tend à atténuer cette hypothèse de rivalité.

Les différents degrés d'excluabilité sont un autre élément important qui doit être pris en compte pour caractériser les ressources en eau sur le plan économique. L'excluabilité désigne la possibilité, pour un groupe d'usagers de l'eau particulier, de contrôler les prélèvements effectués au sein d'un hydrosystème donné, et même d'exclure certains individus de ce groupe. Elle dépend de nombreux facteurs : les caractéristiques de l'hydrosystème (eaux de surface ou eaux souterraines, complexité de l'hydrosystème), les coûts de contrôle, la crédibilité des sanctions appliquées en cas de prélèvements non autorisés, etc. Il ne s'agit pas uniquement d'une caractéristique physique de la ressource en eau, car elle revêt aussi une dimension économique (l'excluabilité implique un ensemble de règles et d'actions ayant un coût et des avantages). Si, pour plusieurs des raisons susmentionnées, le degré d'excluabilité est faible, il existe un risque de phénomène de « passager clandestin », qui peut entraîner une allocation inefficace de l'eau.

D'un point de vue économique, l'association des caractéristiques de rivalité et d'excluabilité permet de caractériser les ressources en eau, et partant influence les stratégies adoptées pour les gérer. Le tableau 2.1 synthétise quatre catégories de biens simplifiés en fonction des deux caractéristiques : la rivalité et l'excluabilité (Ostrom et al., 2003 ; Ostrom, 2005). Les biens qui sont soit non rivaux, soit rivaux, mais non-excluables, rentrent généralement dans la catégorie des « biens collectifs » (Starret, 2003). Ils comprennent les biens dits « de club » (excluabilité élevée, rivalité faible), les biens publics purs (excluabilité et rivalité faibles) et les biens communs (excluabilité faible, rivalité élevée).

Comme indiqué, les degrés de rivalité et d'excluabilité peuvent varier selon les utilisations, les circonstances, la localisation géographique ou le temps, de sorte qu'aucune affectation à une catégorie particulière ne doit être considérée comme « gravée dans le marbre »[3], notamment parce que les degrés de rivalité et d'excluabilité peuvent aussi fluctuer en fonction des disponibilités en eau. Pour la plupart des usages, on part du principe que l'eau affiche une utilité marginale positive et décroissante jusqu'à une certaine limite, au-delà de laquelle on atteint un niveau de saturation (autrement dit, l'utilité marginale de l'eau est nulle). À l'opposé, au-delà d'un certain seuil, l'eau a une utilité marginale négative, c'est-à-dire que l'excès d'eau ou les inondations endommagent les cultures et provoquent des pertes (tableau 2.2).

Tableau 2.1. Catégories de biens en fonction des degrés de rivalité et d'excluabilité

		Rivalité	
		Élevée	Faible
Excluabilité	Élevée	Biens privés	Biens dits « de club »
	Faible	Biens communs	Biens publics purs

Source: Ostrom (2005), http://press.princeton.edu/chapters/s8085.pdf.

Tableau 2.2. L'eau en tant que bien économique dans un contexte de sécheresse ou d'inondation

Disponibilité de l'eau	Sécheresse	Sécheresse modérée	Humidité modérée	Inondation
Rivalité	Très élevée	Élevée	Faible à moyenne	Fortement négative
Excluabilité	Élevée si les sécheresses sont fréquentes Dépend des caractéristiques et des infrastructures hydrauliques	Modérée à élevée si les déficits en eau sont fréquents Dépend des caractéristiques et des infrastructures hydrauliques	Faible Dépend des caractéristiques et des infrastructures hydrauliques	Faible à moyenne Dépend des caractéristiques et des infrastructures hydrauliques
Types de biens	Biens privés	Biens privés Biens dits « de club »	Biens communs Biens publics	Maux communs

Lorsqu'une pénurie d'eau est causée par la sécheresse, le degré de rivalité, et par conséquent les coûts d'opportunité correspondants, sont susceptibles de s'accroître, et ce d'autant plus si les valeurs marginales de l'eau sont hétérogènes d'un usager à l'autre. En cas d'inondation, la valeur marginale de l'eau est négative et cette dernière est donc considérée comme un « mal ». Dans une certaine mesure, une rivalité se crée pour éviter les dommages engendrés par un excès d'eau, et l'on peut raisonnablement supposer que cette rivalité s'amplifie à mesure que l'excès d'eau augmente. Par exemple, les plaines inondables peuvent permettre d'atténuer les inondations dans les zones urbaines jusqu'à un certain point, au-delà duquel leur capacité de stockage de l'eau ne suffira plus. Les infrastructures de protection ou de lutte contre les inondations sont généralement considérées comme des biens publics ou communs qui réduisent les risques d'inondation dans une partie du bassin versant.

La manière dont la quantité d'eau joue sur l'excluabilité n'est pas évidente. Le degré d'excluabilité d'une ressource en eau dépend d'un large éventail de facteurs tels que le type de ressource (eau superficielle ou eau souterraine), les technologies disponibles pour mesurer la consommation d'eau ou les outils de suivi. L'excluabilité varie également selon les institutions et peut parfois être mise en œuvre par des acteurs extérieurs à une communauté. Sur le plan économique, le fait d'assurer ou d'accroître l'excluabilité d'une ressource a des coûts et des avantages. Les avantages découlent essentiellement d'une allocation de l'eau plus efficace d'un point de vue social et sont donc susceptibles de s'amplifier parallèlement à l'augmentation du degré de rivalité. Un faible niveau d'excluabilité peut être avantageux dans les bassins versants où l'eau est abondante par rapport à la demande ; dans les bassins versants exposés à de fréquentes pénuries causées par des sécheresses, un degré d'excluabilité plus important (assuré par le comptage ou le suivi de la consommation d'eau) est au contraire nécessaire en termes d'analyse coût-avantages.

Cette catégorisation a des conséquences normatives importantes au niveau des mesures prises par les pouvoirs publics. En effet, les ressources communes font régulièrement l'objet d'une surconsommation et d'une répartition inefficace en raison d'un manque d'excluabilité. Il s'agit là d'une cause bien connue de défaillance des marchés concernant les ressources en eau en général, qui nécessite la prise de mesures par les pouvoirs publics dans le but de fournir les incitations nécessaires à une allocation efficace. Ces interventions peuvent revêtir la forme, notamment, de la tarification de l'eau, afin de rendre compte de la rareté de la ressource, de règles commerciales ou d'un ensemble plus complexe de règles d'allocation. D'aucuns affirment que parfois, une action locale et collective au sujet des biens communs peut conduire à un suivi et à une allocation efficaces des ressources (Ostrom et al., 2003). Dans le contexte des inondations, les caractéristiques des activités d'atténuation considérées comme un bien commun peuvent également mener à une surexposition au risque d'inondation ainsi qu'à une répartition inefficace de ce risque entre les différents individus et secteurs concernés.

Sachant que, dans un bassin versant donné, la disponibilité de l'eau est une variable aléatoire, les pouvoirs publics doivent prendre des mesures fonction non seulement de l'époque et de la localisation géographique, mais aussi des « états de nature » comme les conditions météorologiques (et essentiellement les disponibilités en eau). Dans la pratique, cela implique que les droits sur l'eau doivent dépendre de variables temporelles (y compris les marchés au comptant et à terme) et spatiales (moyennant des marchés de l'eau limités à certaines zones particulières, comme l'aire du bassin versant). De plus, les droits sur l'eau doivent être suffisamment flexibles pour « suivre » les marchés modulés selon l'état de nature. Chose importante, ces droits sur l'eau fixés selon l'état de nature doivent prendre en considération la totalité des états de nature possibles, allant de faibles écarts par rapport aux conditions météorologiques moyennes à des phénomènes extrêmes tels que les sécheresses et les inondations. Cette démarche globale doit inclure aussi bien les mesures préventives, prises ex ante (comme la construction d'un barrage) que les mesures de gestion ex post (telles que les restrictions ou les marchés de l'eau).

2.3. Sécheresses et inondations : risques catastrophiques et insuffisances des marchés des assurances

Stratification des risques

Les risques catastrophiques se distinguent des risques dits « normaux » aussi bien quantitativement que qualitativement. D'une manière générale, ces risques présentent une probabilité faible, mais provoquent des dommages importants, qui concernent souvent de vastes zones géographiques (corrélation géographique ou risque systémique). Souvent, ces caractéristiques s'observent en présence d'un risque difficilement assurable et de marchés des assurances incomplets, ce qui justifie une intervention des pouvoirs publics lorsque des chocs rares et importants se produisent (que ce soit dans le domaine financier, dans celui de la santé ou du climat) et ont un tel impact sur les revenus des ménages agricoles que les agriculteurs ne peuvent pas faire face (OCDE 2009 ; OCDE, 2011). La frontière entre les risques catastrophiques et les risques non catastrophiques n'est pas très claire, mais elle repose sur le caractère assurable des risques et la capacité de leurs victimes à y faire face en l'absence de mesures publiques.

Plusieurs raisons expliquent pourquoi les marchés des assurances peuvent s'avérer incomplets en ce qui concerne les risques systémiques, peu probables ou susceptibles de causer des dommages importants. Du côté de la demande, les résultats théoriques montrent qu'un individu averse au risque souhaite se prévaloir indifféremment contre les phénomènes très ou peu probables (Eeckhoudt et Gollier, 1999). Cependant, le recours à la théorie de l'espérance d'utilité, qui constituerait le cadre le plus adapté pour rendre compte de l'aversion au risque face à des phénomènes peu probables, mais générateurs de pertes élevées, est très contestable. Les travaux expérimentaux tendent à montrer que la plupart des individus minimisent, à tort, les faibles probabilités par un effet de cadrage (Kunreuther et al., 2013). Les autres axes de recherche, qui portent par exemple sur la théorie des perspectives (Barberis, 2013) ou sur la négligence des probabilités dans le secteur de l'économie comportementale, vont également dans ce sens.

Du point de vue de l'offre, le nombre peu important de dispositifs d'assurance contre les phénomènes de faible probabilité peut s'expliquer par les coûts élevés de réassurance des risques systémiques, le besoin de couvrir l'antisélection et les aléas moraux, et le manque d'informations pertinentes quant à la probabilité et à la portée de ces phénomènes rares. Pour toutes ces raisons, les phénomènes météorologiques extrêmes et les risques catastrophiques sont difficiles à assurer (Gollier, 1997) et il existe peu de dispositifs d'assurance agricole privée sans réel soutien public (OCDE, 2011 ; Mahul et Stutley, 2010). Au-delà des risques « normaux » et « assurables », il existe une catégorie de risques « catastrophiques » contre lesquels les individus et les marchés font face avec d'énormes difficultés. La définition de différentes tranches de risque (graphique 2.1) peut faciliter la mise en œuvre d'une politique de gestion des risques efficace (OCDE, 2009 ; OCDE, 2011).

Graphique 2.1. Approche globale de la stratification des risques

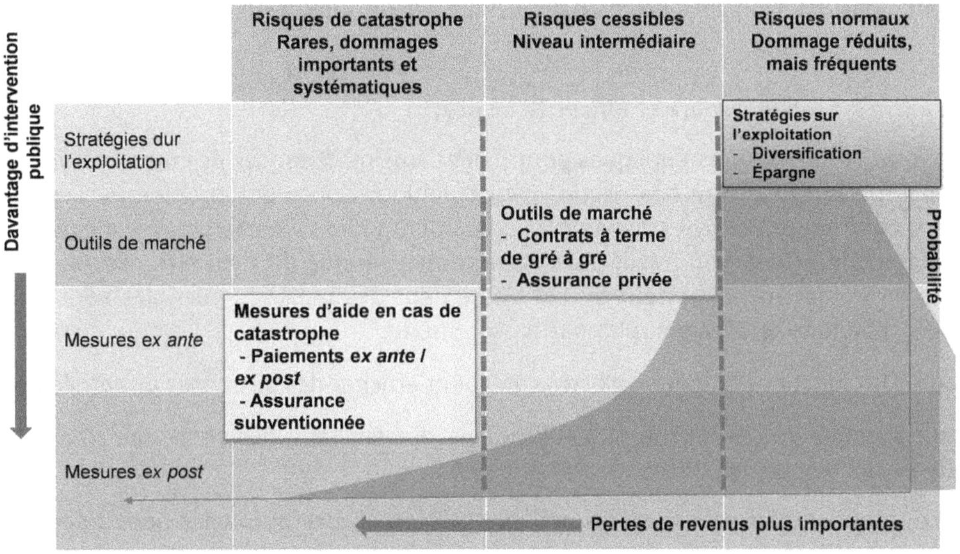

Source: OECD (2011), http://dx.doi.org/10.1787/9789264116146-en.

Enfin, que ce soit du côté de l'offre ou de la demande, le changement climatique a tendance à accroître l'incertitude qui entoure l'évaluation des risques, car le caractère non stationnaire d'un climat en pleine évolution empêche d'utiliser des données du passé pour estimer les risques à venir. Le changement climatique a également des effets sur les frontières entre les différentes tranches de risques, qui deviennent des « cibles mobiles ». Cette imprévisibilité accrue se révèle coûteuse pour les agents économiques, qui sont non seulement averses aux risques, mais également à l'incertitude. Or, si des instruments tels que l'assurance et les marchés financiers ont été mis au point avec succès pour répartir efficacement les risques, du moins dans une certaine mesure, cet exercice est plus complexe en présence d'un degré d'incertitude élevé.

Les risques catastrophiques sont également à l'origine de pressions de la part de la société, des médias et des personnalités politiques pour que des mesures soient prises. Cet appel à la « solidarité » au lendemain d'une « catastrophe » fait partie intégrante de l'équation politique. La modification des régimes et des politiques de répartition des ressources en eau au cours des phénomènes extrêmes nécessite une certaine marge de manœuvre. Les plans d'intervention doivent définir les procédures à suivre, les responsabilités et les limites de l'action des pouvoirs publics (OCDE, 2009 ; OCDE, 2011).

Pour ces raisons, il n'existe pas de marchés de l'assurance privée permettant de se protéger contre les risques catastrophiques, à l'exception des pays dotés de systèmes d'assurance subventionnés. De fait, pour combler ce manque, les pouvoirs publics prennent souvent le parti d'accorder des subventions aux assurances. Bien que cette démarche ait permis de mettre en place des programmes d'assurance-récolte dans plusieurs pays de l'OCDE, elle n'améliore pas la répartition des risques, qui constitue le moteur principal de tout système d'assurance bien conçu. Elle contribue en fait à redistribuer ces risques entre les agriculteurs ou entre les agriculteurs et les contribuables. En ce sens, une intervention des pouvoirs publics visant à surmonter la défaillance du marché n'est justifiée qu'à condition de produire des avantages nets par rapport au statu quo (Dixit, 1987 ; Dixit 1989). Des innovations visant à réduire les coûts de mise en œuvre de l'assurance sécheresse, comme les assurances fondées sur les indices météorologiques, existent dans plusieurs pays (Canada, Espagne, États-Unis et Inde), mais sont rarement adoptées de manière généralisée par les agriculteurs[4] – probablement parce que ces dispositifs fonctionnent selon le principe du risque de base, c'est-à-dire que le montant des indemnités n'est pas ajusté en fonction des pertes de récolte subies par l'agriculteur, mais de l'indice météorologique, qui est un indicateur imparfait (OCDE, 2009 ; OCDE, 2011).

Dilemme entre efficacité ex ante et efficacité ex post

L'élaboration de mesures publiques pour pallier aux insuffisances des marchés des assurances en ce qui concerne la couverture des risques catastrophiques pose des problèmes. Les décideurs sont notamment confrontés à un exercice délicat, consistant à choisir entre essayer d'égaliser le bien-être attendu (approche *ex ante*) ou privilégier l'égalisation attendue du bien-être réel (approche *ex post*). Les études en la matière admettent que le classement des mesures possibles varie selon le critère retenu. Deux résultats se dégagent plus particulièrement :

- toutes les fonctions d'utilité collective[5] peuvent afficher des disparités ex ante/ex post ;
- pour chacune de ces fonctions, les décideurs doivent faire des choix, qui sont différents selon que la fonction est appliquée en amont ou en aval.

Par conséquent, certaines mesures peuvent se révéler être optimales quand elles sont prises en amont et moins efficaces quand elles sont prises an aval, et vice versa.

Jaffee et Russel (2013) se sont attachés à analyser les circonstances dans lesquelles les pouvoirs publics devraient travailler à donner aux citoyens la possibilité de se prémunir contre les risques catastrophiques en amont ou bien privilégier des mesures d'assistance à appliquer une fois l'événement passé. Leurs travaux montrent que les dispositifs *ex ante* et *ex post* affichent une optimalité équivalente uniquement lorsque la probabilité subjective des risques est identique pour tous les individus concernés. Ce résultat tient au fait que si les individus ont des opinions divergentes quant à la probabilité qu'un événement catastrophique survienne, ils feront des choix différents en termes d'achat de produits d'assurance : ainsi, les individus optimistes auront tendance à ne pas souscrire d'assurance, et seront ainsi mal assurés le jour où un événement se produira. Le versement d'une somme forfaitaire à titre de dédommagement pourrait contribuer à mieux protéger cette catégorie de population a posteriori. Dans une telle situation, Jaffee et Russel (2013) indiquent que si les pouvoirs publics retiennent un critère de protection ex post, ils doivent mettre en place un programme d'aide a posteriori tout en interdisant, ou du moins en limitant, les programmes d'assurance ex ante contre les catastrophes.

Les données empiriques appuient également le fait que les individus ont des probabilités subjectives différentes. Aux Pays-Bas, par exemple, la perception des risques d'inondation varie selon les individus, en fonction de leurs utilités subjectives (Botzen et al., 2009). Ces différences de vues peuvent avoir plusieurs explications. Selon Kunreuther et al. (2013), les individus peuvent ne pas chercher à s'informer sur la probabilité qu'un événement peu fréquent se produise, en raison de l'existence de coûts de recherche ou de transaction. Par ailleurs, l'important spread sur les obligations catastrophe (« CAT bonds ») complique la tâche d'un agent économique qui chercherait à évaluer la probabilité sous-jacente d'un événement survienne en se fondant uniquement sur le prix de ces produits.

L'analyse de Jaffee et Russel (2013) semble remettre totalement en question la vision communément répandue selon laquelle les approches ex ante, fondées sur les principes de gestion des risques, sont toujours préférables aux mesures d'atténuation ex post mises en place après la réalisation d'un risque catastrophique. Plutôt que de tirer des conclusions générales à propos des meilleures mesures prises dans ce domaine, les auteurs donnent un éclairage intéressant sur le rôle fondamental de l'incertitude relative aux probabilités de risques catastrophiques ainsi que sur les insuffisances d'ordre économique pouvant apparaître dans ce contexte. Une étude complète des coûts et des avantages des mesures publiques ex ante et ex post nécessiterait de comparer les effets de ces mesures sur la production agricole et les décisions d'investissement prises par les exploitants, notamment.

2.4. Défaillances du marché, vulnérabilité et résilience aux sécheresses et aux inondations

La vulnérabilité et la résilience sont peu à peu devenues deux notions centrales dans le domaine de l'analyse des politiques liées aux risques climatiques, et peut-être plus encore, au changement climatique. Si les risques peuvent être traditionnellement définis comme une combinaison de probabilités et d'impacts, la notion de vulnérabilité insiste sur la « propension ou la prédisposition à être affecté de manière négative » par un risque particulier ou un ensemble de risques (GIEC, 2012). La vulnérabilité est propre à un système donné, et désigne sa capacité à faire face à un ou plusieurs risques. Les risques climatiques tels que les sécheresses et les inondations sont le résultat commun de plusieurs phénomènes météorologiques, de l'exposition à ces phénomènes et de la vulnérabilité des systèmes concernés. On considère généralement que la vulnérabilité à un risque constitue le résultat conjoint de l'exposition au risque et de la sensibilité du système en question face à ce même risque (OCDE, 2014a).

La vulnérabilité est un concept relatif, ce qui rend son évaluation ou sa quantification difficile (FAO et OECD, 2012). On distingue toutefois la vulnérabilité physique, qui désigne la sensibilité des systèmes de culture et d'élevage aux sécheresses et aux inondations, qui peut être mesurée par les pertes de production, et la vulnérabilité économique, qui fait référence à la capacité du système agricole de faire face aux pertes de revenus causées par ces phénomènes extrêmes. Par exemple, un système agricole peut être vulnérable aux sécheresses d'un point de vue physique tout en étant raisonnablement capable de gérer le choc porté aux revenus à l'aide de systèmes d'assurance bien pensés ou en faisant appel à des produits d'épargne à titre de précaution.

Lorsque l'on s'attache à analyser la vulnérabilité, il est primordial de disposer d'une définition claire du système à l'étude. Les sécheresses et les inondations pénalisent généralement plusieurs secteurs économiques et les individus, comme les zones urbaines, l'agriculture, l'industrie, les écosystèmes, etc. Ces phénomènes peuvent aussi avoir des répercussions économiques indirectes en dehors de ces domaines, en ayant une incidence sur l'offre et la demande sur des marchés connexes. Ainsi, de mauvaises récoltes provoquées par la sécheresse dans de grandes régions agricoles peuvent se traduire par une hausse du prix des produits de base et la nécessité d'importer des aliments pour nourrir leur bétail. Les interdépendances physiques et économiques liées aux particularités de l'eau font que la réduction de la vulnérabilité des différents usagers et utilisations de l'eau peut créer des synergies ou nécessiter des compromis. Ainsi, le fait de limiter le risque d'inondation dans les zones urbaines à l'aide d'infrastructures hydrauliques peut accroître ce même risque d'inondation dans les régions agricoles ; les restrictions d'eau peuvent faire baisser la vulnérabilité de certains usagers face à la sécheresse, tout en exacerbant celle d'autres usagers et d'autres utilisations ; et le renforcement de l'efficacité d'utilisation de l'eau dans un secteur particulier peut atténuer la vulnérabilité de l'ensemble des usagers de l'eau face au risque de sécheresse, en accroissant les quantités d'eau disponibles (graphique 2.2).

La vulnérabilité des hydrosystèmes et des systèmes agricoles face aux sécheresses et aux inondations dépend des mesures prises afin d'atténuer les impacts de ces risques dans les secteurs concernés, ainsi que des actions des agents économiques concernés. Au-delà des politiques sectorielles, les mesures prises par les pouvoirs publics en réaction aux défaillances concernant la gestion de l'eau et les marchés des assurances jouent également un rôle clé en ce qu'elles influencent les interdépendances présentes au sein du système. Des mécanismes d'allocation de l'eau (droits sur l'eau, tarification, accords collectifs, etc.) peuvent être mis au point pour veiller à ce que les ressources soient affectées efficacement sur le plan économique, tout en tenant compte des externalités environnementales, de manière à ce que l'eau soit consacrée en priorité aux utilisations ayant le plus de valeur sur le plan social. Enfin, lorsque cela est possible, les coûts des risques de sécheresse et d'inondation peuvent être mutualisés à l'échelle géographique à l'aide des dispositifs d'assurance ou des mécanismes de compensation, ou bien lissés dans le temps grâce à des fonds de prévoyance ou à des produits d'épargne conçus spécialement pour contrer ces risques. L'association de ces mesures a des répercussions sur le niveau global et la répartition des coûts des sécheresses et des inondations parmi les individus et les secteurs économiques concernés ainsi que sur les niveaux d'exposition et de vulnérabilité correspondants.

La notion de résilience est liée à celle de vulnérabilité, bien qu'elle mette l'accent sur la dimension temporelle. Un système est dit résilient s'il est en mesure de se relever après un choc. Plus un système est vulnérable, moins il devrait être capable de récupérer. Cependant, la résilience concerne également la capacité pour un système de faire face à des risques sur le long terme. En particulier, l'accélération de la fréquence des risques de sécheresse et d'inondation pourrait amoindrir peu à peu la capacité du secteur agricole à se relever après un choc, ce qui menacerait sa résilience à long terme. Cela est particulièrement vrai pour les sécheresses, dont la durée peut être supérieure à une seule campagne agricole.

Graphique 2.2. Représentation schématique d'un début de sécheresse caractéristique et de ses coûts socio-économiques directs

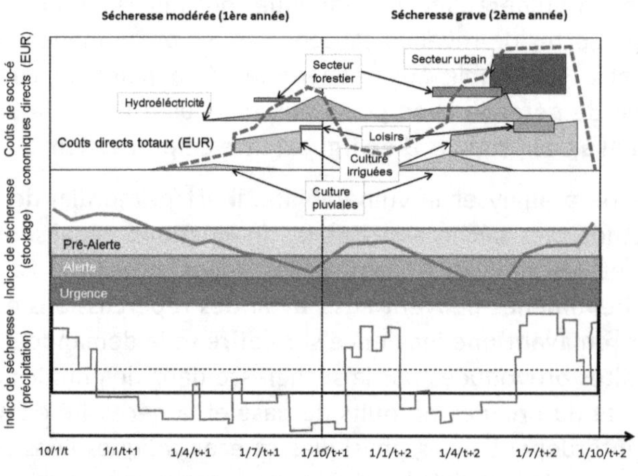

Source : Garrido et al. (2012).

Il peut exister d'importants arbitrages entre la vulnérabilité à court terme et la vulnérabilité à long terme. Ainsi, dans le contexte des sécheresses et des inondations, le fait que les irrigants privilégient l'utilisation des ressources en eau souterraine peut constituer une forme d'autoassurance contre les pénuries d'eau superficielle, mais cette démarche risque, in fine, d'entraîner une surexploitation des ressources à long terme. Le versement de subventions à l'assurance-récolte contre les risques climatique constitue un autre exemple représentatif : en effet, si ce dispositif permet de réduire artificiellement le coût des risques que doivent supporter les agriculteurs, il peut finir par exposer ces derniers à un risque supérieur, en les poussant à se tourner vers des pratiques agricoles davantage exposées aux aléas et, à long terme, fragiliser des systèmes agricoles qui auraient été moins vulnérables en l'absence de subventions à l'assurance.

2.5. Facteurs politiques et commerciaux ayant un impact sur la vulnérabilité de l'agriculture face aux sécheresses et aux inondations

Les mesures relatives aux sécheresses et aux inondations prises dans le domaine agricole s'inscrivent dans un contexte politique, commercial et environnemental (et notamment climatique) plus large, qui dicte les décisions des agriculteurs en matière de production et d'investissement et l'exposition aux risques et la vulnérabilité qui en découlent. Deux tendances sont particulièrement susceptibles d'accentuer l'importance des risques de sécheresse et d'inondation dans le secteur agricole et pourraient nécessiter de prendre des mesures spécifiques et adaptées. Il s'agit en premier lieu du changement climatique, qui devrait accroître la fréquence et l'intensité des phénomènes extrêmes et, en second lieu, de la concurrence croissante entre l'agriculture et les autres secteurs économiques pour obtenir accès à deux ressources naturelles importantes : l'eau et les terres. La hausse possible des prix des produits de base et les politiques agricoles en faveur des cultures irriguées impliquant une consommation d'eau importante par hectare de terre ; ou la concurrence accrue entre utilisations agricoles, forestières et urbaines des sols. L'analyse de ces principaux facteurs dépasse le cadre de la présente étude. Toutefois, les travaux réalisés dans ce domaine tendent à montrer que les démarches publiques de gestion des sécheresses et des inondations devraient prendre de l'importance si l'on se fie aux projections.

Changement climatique

La question des phénomènes météorologiques extrêmes attire l'attention des décideurs dans tous les secteurs économiques (GIEC, 2012 ; OCDE, 2011). (GIEC, 2012 ; OCDE, 2011). Bien qu'il existe plusieurs méthodes permettant de les décrire et de les mesurer (Sheffield et al., 2012), les experts s'accordent globalement à dire que le changement climatique tend à accroître la fréquence et l'intensité de ces phénomènes (GIEC, 2012). Les événements récents semblent confirmer que les phénomènes météorologiques extrêmes, et plus particulièrement les sécheresses et les inondations, sont devenus à la fois plus fréquents et plus graves au cours des dernières décennies (graphique 2.3).

D'après l'Organisation météorologique mondiale (OMM, 2013), la décennie 2001-2010 a été la plus chaude enregistrée depuis 1950, si l'on considère les températures moyennes, et près de la moitié des températures maximales relevées depuis 1961 l'ont été au cours des dix dernières années. Au début des années 2000, l'ouest des États-Unis, le sud-est de l'Australie et la République populaire de Chine ont subi de nombreuses sécheresses. Plus récemment, de graves sécheresses ont frappé la Fédération de Russie et le centre des États-Unis. Cependant, les preuves scientifiques relatives aux tendances observées par le passé au niveau des sécheresses et leurs caractéristiques sont moins évidentes. Les publications de Sheffield et al. (2012) et Spinoni et al. (2013) montrent un léger accroissement de la fréquence et de la durée des épisodes de sécheresse à l'échelle de la planète, mais proposent des projections contrastées pour différentes régions du monde. La fréquence et la gravité des sécheresses ont augmenté dans certains pays, tandis que ces phénomènes se sont atténués dans d'autres.

Les dommages financiers imputables aux inondations n'ont été que peu étudiés à l'échelle de la planète. L'Observatoire des inondations de Dartmouth (Dartmouth Flood Observatory) recense 857 inondations dans les pays de l'OCDE au cours de la période 1985-2008. En moyenne, les dommages causés par des précipitations extrêmes s'élevaient à 1.1 milliard USD (sur 191 phénomènes ayant entraîné des dégâts), et il est donc possible d'affirmer que les précipitations extrêmes ont provoqué à elles seules 700 milliards USD de dommages au cours des 13 dernières années (Morris et al., 2010). D'après les estimations réalisées dans le cadre des Perspectives de l'environnement de l'OCDE à l'horizon 2050 (OCDE, 2012), le nombre d'individus et la valeur des actifs menacés par les inondations va augmenter considérablement d'ici à 2050.

Enfin, outre les autres facteurs qui devraient modifier l'environnement économique (croissance démographique, rareté des ressources, etc.), les agriculteurs et les systèmes de gestion des risques liés à l'eau vont évoluer dans un contexte de climat non stationnaire. Cela pose d'énormes difficultés en termes d'adaptation, notamment en ce qui concerne la gestion de l'eau agricole, aussi bien pour les cultures pluviales que pour les cultures irriguées.

Graphique 2.3. Catastrophes météorologiques dans le monde, 1980-2009

Nombre de catastrophes

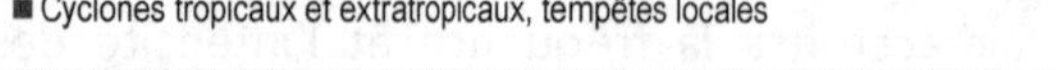

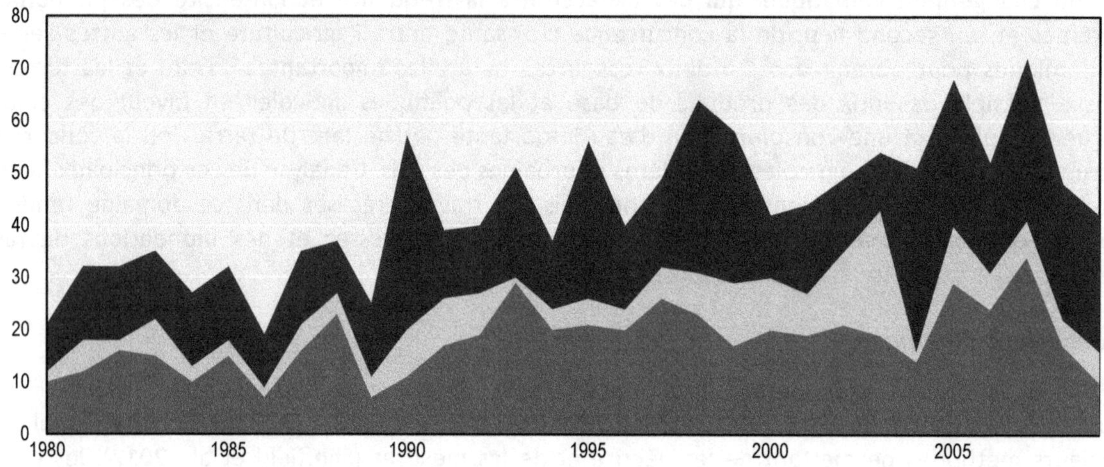

OCDE (2012), Global weather-related disasters, 1980-2009, publié dans les *Perspectives de l'environnement de l'OCDE*, http://dx.doi.org/10.1787/env_outlook-2012-graph71-en.

Accroissement de la concurrence relative aux ressources en eau et en terres

Au sein de la zone de l'OCDE, l'agriculture contribue en moyenne à 44 % des prélèvements d'eau douce totaux et occupe 36 % des terres (OCDE, 2013). À ce titre, elle joue un rôle majeur dans la gestion des hydrosystèmes et de l'utilisation des sols. Il est donc particulièrement important de tenir compte des relations d'interdépendance entre l'agriculture et d'autres secteurs économiques dans le cadre de la gestion des hydrosystèmes en période de phénomène météorologique extrême. Les systèmes de culture peuvent aggraver les conséquences des sécheresses et des inondations, mais aussi contribuer à limiter les conséquences dommageables des inondations dans les zones urbaines, en assurant un service de rétention de l'eau et en freinant le débit des eaux au niveau des terres agricoles. En situation de stress hydrique, les différents usagers de l'eau doivent collectivement régler le problème de l'allocation des ressources à l'aide d'un éventail de règles, d'outils réglementaires et économiques et de modalités collectives adaptés. Il est nécessaire de gérer ces interdépendances à une échelle adéquate. Ces dernières s'intensifieront probablement avec le développement économique, la croissance démographique, le changement climatique et la hausse prévue de la fréquence et de l'intensité des phénomènes météorologiques extrêmes.

Notes

1. En économie, une prime de risque positive correspond à une aversion pour le risque. Cette aversion est liée à la concavité de la fonction d'utilité, car les agents économiques ayant des niveaux de patrimoine initiaux différents n'attribuent pas la même valeur à une unité de revenu supplémentaire.

2. L'adoption de plusieurs techniques de réduction des risques, notamment la diversification des cultures en faveur de semences résistantes à la sécheresse, n'implique pas nécessairement que les agriculteurs ne veulent pas prendre de risque. Ces techniques peuvent être adoptées par des agriculteurs ayant une attitude neutre face au risque si ces derniers s'attendent à en tirer des profits supérieurs aux coûts escomptés. L'aversion au risque peut toutefois constituer une incitation supplémentaire.

3. La notion de rivalité est particulièrement pertinente dans le contexte des usages de consommation, tels que les prélèvements d'eau d'irrigation, mais elle peut aussi s'appliquer à d'autres catégories d'utilisation de l'eau lorsque la quantité d'eau consommée entre en jeu, comme les débits réservés. Elle peut présenter moins d'intérêt dans le cas des activités de loisirs; en effet la quantité d'eau (le débit d'une rivière ou le niveau d'un lac) peut avoir son importance, mais il n'existe pas nécessairement de rivalité entre les différentes catégories d'activités basées sur l'eau – comme la natation ou la pêche. La rivalité peut également avoir un impact sur les utilisations de l'eau à des fins autres que la consommation des utilisateurs considérés s'effectue de manière simultanée. L'excluabilité peut dépendre du degré d'organisation ou des caractéristiques du bassin versant, par exemple, et peut être imposé de l'extérieur d'une communauté et non par ses membres. Ces diverses situations physiques et socio-économiques peuvent expliquer, voire justifier l'existence d'un ensemble d'institutions de moyens d'action, pour des raisons d'efficacité.

4. L'assurance indicielle consiste à fonder le calcul des indemnités versées sur les valeurs prises par une variable climatique, comme les précipitations ou la température – l'indice météorologique – plutôt que sur les pertes réelles subies par les assurés. Elle repose sur le fait qu'il existe une corrélation entre l'indice météorologique et les pertes subies par les assurés. Cela vaut en particulier dans le cas des risques systémiques, qui présentent une forte corrélation géographique dans une région donnée, ce qui est souvent le cas des sécheresses. Ce système a pour principal avantage d'abaisser les coûts de gestion liés au contrôle des pertes des assurés, ainsi que les coûts associés aux aléas moraux. Toutefois, la corrélation imparfaite entre l'indice météorologique et les préjudices subis par les assurés implique que le montant de l'indemnisation ne correspond pas toujours à celui des pertes réelles. Ce risque résiduel supporté par les agriculteurs est désigné sous le terme de risque de base.

5. La fonction d'utilité collective représente chaque vecteur d'utilité à l'aide d'un nombre permettant de classer les résultats.

Références

Barberis, N. (2013), « Thirty Years of Prospect Theory in Economics: A Review and Assessment », *Journal of Economic Perspectives,* Vol. 27, pp. 173-196.

Botzen, W.J.W., J.C.J.H. Aerts and J.C.J.M. van den Bergh (2009) « Dependence of flood risk perceptions on socioeconomic and objective risk factors », *Water Resources Research*, Vol. 45(10), pp. 1–15.

Dixit, A.K, (1989), « Trade and Insurance with Adverse Selection » *Review of Economic Studies*, Wiley Blackwell, Vol. 56(2), pp. 235-47.

Dixit, A.K. (1987), « Trade and insurance with moral hazard » *Journal of International Economics*, Elsevier, Vol. 23(3-4), pp. 201-220.

Eeckhoudt L. et C. Gollier (1999), « The Insurance of Low Probability Events », *Journal of Risk and Insurance*, No. 66, pp.17-28.

Ehrlich I. et G. Becker (1972), « Market insurance, self-insurance and self-protection », *Journal of Political Economy,* Vol. 80, pp. 623–648.

FAO et OCDE (2012), *Building resilience for adaptation to climate change in the agriculture sector: Proceedings of a Joint FAO/OECD Workshop*, FAO et OCDE, www.oecd.org/tad/sustainable-agriculture/climate-change-resilience-agriculture-workshop.htm.

Froot, K., D. Scharfstein, et J. Stein (1993), « Risk management: Coordinating corporate investment and financing policies », *Journal of Finance*, Vol. 48, pp. 1629-1658.

Garrido A., N. Hernández-Mora et M. Gil (2012), « Drought impact assessments », unpublished manuscript.

GIEC (2012), *Managing the Risks of Extreme Events and Disasters to Advance Climate Change Adaptation. A Special Report of Working Groups I and II of the Intergovernmental Panel on Climate Change*, Cambridge University Press, Cambridge et New York.

Gollier, Christian (1997), « About the Insurability of Catastrophic Risks », *The Geneva Papers on Risk and Insurance*, Vol. 22, pp. 177-186.

Jaffee, D. et T. Russell (2013), « The Welfare Economics of Catastrophe Losses and Insurance » publié dans *The Geneva Papers on Risk and Insurance - Issues and Practice*, Palgrave Macmillan, Vol. 38(3), pp. 469-494.

Kunreuther, H.C., M.V. Pauly, et S. McMorrow (2013), *Insurance and Behavioral Economics: Improving Decisions in the Most Misunderstood Industry*, Cambridge University Press, Cambridge.

Mahul, O. et C.J. Stutley (2010), « Government Support to Agricultural Insurance », Banque mondiale, Washington, DC., https://openknowledge.worldbank.org/bitstream/handle/10986/2432/538810PUB0Gove101Official0Use0Only1.pdf?sequence=1.

Morris, J., T. Hess et H. Posthumus (2010), « Agriculture's Role in Flood Adaptation and Mitigation: Policy Issues and Approaches », publié dans O dans OCDE, *Gestion durable des ressources en eau dans le secteur agricole*, Éditions OCDE, Paris. http://dx.doi.org/10.1787/9789264083592-9-fr .

OCED (2014a), *Disaster Risk Assessment and Risk Financing*, Éditions OCDE, Paris, http://www.oecd.org/gov/risk/G20disasterriskmanagement.pdf.

OCDE (2014b), *Changement climatique, eau et agriculture : Vers des systèmes résilients*, Études de l'OCDE sur l'eau, Éditions OCDE, Paris, http://dx.doi.org/0.1787/9789264235076-fr.

OCDE (2013), *Compendium des indicateurs agroenvironnementaux de l'OCDE,* Éditions OCDE, Paris. http://dx.doi.org/10.1787/9789264181243-fr .

OCDE (2012), *Perspectives de l'environnement de l'OCDE à l'horizon 2050 : Les conséquences de l'inaction,* Éditions OCDE, Paris, http://dx.doi.org/10.1787/9789264221802-fr .

OCDE (2011), *Gestion des risques en agriculture : Évaluation et conception des politiques,* Éditions OCDE, Paris. http://dx.doi.org/10.1787//9789264174795-fr .

OCDE (2010), *Gestion durable des ressources en eau dans le secteur agricole, Études de l'OCDE sur l'eau,* Éditions OCDE, Paris. http://dx.doi.org/10.1787/9789264083592-fr.

OCDE (2009), *Gestion des risques dans l'agriculture : Une approche holistique*, Éditions OCDE, Paris. http://dx.doi.org/10.1787/9789264075337-fr.

Organisation météorologique mondiale (2013), *Le climat dans le monde 2001-2010: une décennie d'extrêmes climatiques - rapport de synthèse*, WMO-No. 1119, OMM.Ostrom, E. (2005), *Understanding Institutional Diversity*, Princeton University Press, Princeton, http://press.princeton.edu/chapters/s8085.pdf.

Ostrom, E., P. Stern et T. Dietz (2003), « Water rights in the commons », *Water Resources Impacts*, Vol. 5 (2), pp. 9-12.

Sheffield, J., K.M. Andreadis, E.F. Wood, et D.P. Lettenmaier (2009), « Global and continental drought in the second half of the 20th century: severity-area-duration analysis and temporal variability of large-scale events », *Journal of Climate*, Vol. 22(8), pp. 1962-1981.

Spinoni, J., G. Naumann, H. Carrao, P. Barbosa, J. Vogt (2013), « World drought frequency, duration, and severity for 1951–2010 », *International Journal of Climatology*, Vol. 34, pp. 2792–2804.

Starrett, D.A. (2003), Property Rights, Public Goods and the Environment », Chapitre 3 de Mäler, K.G. et J.R. Vincent, *Handbook of Environmental Economics*, Vol. 1: Environmental Degradation and Institutional Responses, Amsterdam.

Chapitre 3

Politiques pour une gestion durable des sécheresses et des inondations dans l'agriculture

Ce chapitre examine et analyse les politiques publiques qui favorisent une gestion efficiente, résiliente et durable des sécheresses et des inondations dans le domaine agricole. Ces politiques comprennent notamment les mesures d'atténuation des risques liés à l'eau à court et à long terme. Le chapitre examine également les politiques d'indemnisation et d'assurance et présente des éléments permettant d'établir des comparaisons entre les démarches suivies dans cinq pays de l'OCDE : l'Australie, le Canada, l'Espagne, la France et le Royaume-Uni.

Toute stratégie de gestion des risques de sécheresse et d'inondation devrait prévoir un ensemble complet d'actions à mettre en œuvre ex ante ou ex post, au niveau individuel ou collectif. Chaque agriculteur peut réduire son exposition aux risques et sa vulnérabilité aux sécheresses et aux inondations en modifiant son système cultural, en adoptant des semences résistantes à la sécheresse ou en optant pour une gestion appropriée des plaines inondables. Le cas échéant, il peut se servir d'instruments de partage des risques (assurance agricole contre les sécheresses ou les inondations, par exemple).

Les stratégies individuelles de gestion des risques liés à l'eau qui sont conduites au niveau des exploitations sont essentielles, mais insuffisantes pour gérer efficacement les risques de sécheresse et d'inondation. Comme expliqué au Chapitre 2, les risques liés à l'eau présentent des caractéristiques particulières pouvant entraver une prévention et une allocation efficientes des risques, en raison de diverses défaillances du marché, de l'État et de comportements qui exigent des réponses spécifiques et ciblées. En matière de gestion de l'eau, il est généralement admis que les politiques publiques sont un complément indispensable aux mesures d'atténuation individuelles ou peuvent réorienter ces derniers pour promouvoir le bien-être social et à la viabilité.

Afin de faciliter l'analyse d'un large éventail de démarches envisageables pour appréhender de manière globale le problème des sécheresses et des inondations en agriculture, les catégories suivantes de politiques sont analysées. Les catégories établies ne doivent pas être considérées comme immuables ni être utilisées dans d'autres contextes ou à d'autres fins ; dans certains cas, en outre, les distinctions pratiquées peuvent être remises en question. Ces catégories fournissent simplement un point de départ à l'examen des moyens d'action que les pouvoirs publics peuvent ou pourraient utiliser, ainsi que leur complémentarité ou substituabilité :

- Les *mesures d'atténuation des risques hydrologiques* peuvent être classées en :
  - *mesures à long terme d'atténuation des risques*, dont l'objectif est d'atténuer les sécheresses et les inondations par des mesures préventives (ex ante) ciblant les facteurs fondamentaux d'exposition aux risques et de vulnérabilité (politiques relatives à l'offre et la demande d'eau, réglementation foncière, planification des ressources en eau).
  - *mesures à court terme de gestion des risques*, qui ont pour objet de gérer les sécheresses et les inondations à court terme. On peut les définir comme l'ensemble des mesures prises pour atténuer les conséquences des événements hydrologiques extrêmes une fois qu'ils sont survenus. Il s'agit, par exemple, de règles de restriction de la consommation d'eau pendant un épisode de sécheresse, ou de plans d'intervention d'urgence en cas d'inondation.
- *Politiques d'indemnisation et d'assurance*, dont le principal objet est de prévoir des indemnisations financières pour atténuer les pertes de revenus subies par les agriculteurs en raison de sécheresses et d'inondations.

3.1. Politiques d'atténuation des risques hydrologiques : sécheresses

Réduire le stress hydrique structurel par des politiques de gestion de l'offre et de la demande d'eau

La vulnérabilité au risque de sécheresse résulte souvent d'un déséquilibre structurel entre l'offre et la demande d'eau dans un bassin hydrographique donné. Une utilisation excessive et une mauvaise répartition des ressources en eau dues à une allocation incomplète ou une surallocation des droits sur l'eau, à une tarification insuffisante de l'eau et à une mauvaise planification des ressources à long terme contribuent à ce déséquilibre qui, à son tour, se traduit mécaniquement par un risque accru de pénurie. Dans les bassins présentant un stress hydrique structurel, le risque de pénurie est plus important, même si le déficit de précipitations est faible. En résumé, le stress hydrique est un facteur de pénurie et donc de vulnérabilité à la sécheresse.

Des politiques de l'eau visant à réduire le stress hydrique structurel, même quand elles ne ciblent pas spécifiquement les sécheresses proprement dites, mais se concentrent plutôt sur les conditions climatiques moyennes, sont donc essentielles pour réduire la fréquence et la gravité des risques de pénurie. Les défaillances du marché en matière d'allocation des ressources en eau tendent à conduire à une surexploitation de l'eau et, mécaniquement, à des risques excessifs de pénurie. Les politiques de l'eau se répartissent généralement en politiques axées sur la demande (droits sur l'eau, tarification, etc.), qui visent à mieux faire coïncider les usages de l'eau avec les ressources disponibles, et en politiques axées sur l'offre, par exemple les infrastructures de stockage (barrages, réservoirs), qui peuvent jouer un rôle complémentaire en augmentant le niveau moyen des ressources en eau au profit des usagers et réguler les débits d'eau. Jusqu'au début des années 90, les politiques de l'eau consistaient essentiellement à accroître l'offre en construisant des infrastructures hydrauliques telles que des barrages et des réservoirs. Depuis, le modèle évolue vers des politiques de gestion de la demande d'eau, qui sont généralement considérées comme économiquement plus efficientes et plus durables à long terme (OCDE, 2010a).

L'influence « moyenne » cumulée que les politiques de l'eau respectivement axées sur la demande et sur l'offre exercent sur le risque de pénurie d'eau est illustrée de manière schématique au graphique 3.1, qui représente une (densité de) distribution de probabilités hypothétique de l'offre d'eau, avec un niveau de demande d'eau supposé non stochastique. À la date 1, les niveaux d'offre et de demande d'eau sont représentés respectivement par S1 et D1. Par conséquent, la probabilité que la demande devienne inférieure à l'offre est égale à a+b+c+d. Supposons que, pendant la période 2, la demande diminue jusqu'au niveau figuré par la ligne D2, tandis que la distribution de probabilités se déplace sur la droite, de S1 à S2. Dans ce cas, la probabilité que la demande devienne inférieure à l'offre n'est plus que de c. Si seule la demande se déplace de D1 à D2, mais que l'offre reste en S1, cette probabilité est supérieure ou égale à a+c. Il faut s'attendre à ce que le changement climatique abaisse la moyenne et accroisse les risques associés à l'offre d'eau, alors que même que les projections indiquent une augmentation de la demande.

Les pays de l'OCDE affichent actuellement différents degrés de stress hydrique au niveau national ; dans la moitié d'entre eux, les niveaux d'eau sont modérés à moyennement élevés (graphique 3.2). Le stress hydrique est égal au rapport entre le volume brut des prélèvements d'eau au volume total des ressources renouvelables (OCDE, 2013). Il est relativement plus important que la moyenne de l'OCDE dans les pays d'Europe du Sud comme l'Italie, l'Espagne, le Portugal et la Grèce, mais aussi en Europe de l'Ouest (Belgique, France, Allemagne, etc.). Le stress hydrique est également substantiel au Japon et en Turquie. Ces variations nationales ne reflètent pas les variations locales et saisonnières, qui peuvent être importantes.

Dans plusieurs pays de l'OCDE, l'agriculture représente l'essentiel du volume total des prélèvements d'eau douce, en raison notamment de l'irrigation, et contribue donc largement au niveau total de stress hydrique. La part de l'agriculture, qui est à l'origine d'en moyenne 44 % des prélèvements totaux d'eau douce dans les pays de l'OCDE, peut être encore plus importante dans certains pays, surtout pendant le pic estival durant lequel l'agriculture peut être responsable de plus de 80-90 % du total de ces prélèvements (Hoekstra et al., 2012).

S'agissant des tendances, on observe que, dans la plupart des pays de l'OCDE, les prélèvements d'eau douce ont tendu à diminuer ou stagner durant les 15 à 20 dernières années. Les prélèvements agricoles suivent des tendances similaires, de sorte que stress hydrique moyen est généralement stable (Espagne, France et Mexique), ou diminue, comme en Israël (OECD, 2013). La baisse des prélèvements agricoles tient à la diminution des superficies irriguées ou à une utilisation plus rationnelle de l'eau ou aux deux. Malgré ces tendances encourageantes, les projections pour les prochaines décennies indiquent que le stress hydrique pourrait s'aggraver dans bon nombre de bassins hydrographiques des pays de l'OCDE, sous l'effet conjugué de l'augmentation de la demande d'eau et de la diminution des ressources disponibles due au changement climatique.

Graphique 3.1. Demande et offre d'eau et probabilité de stress hydrique

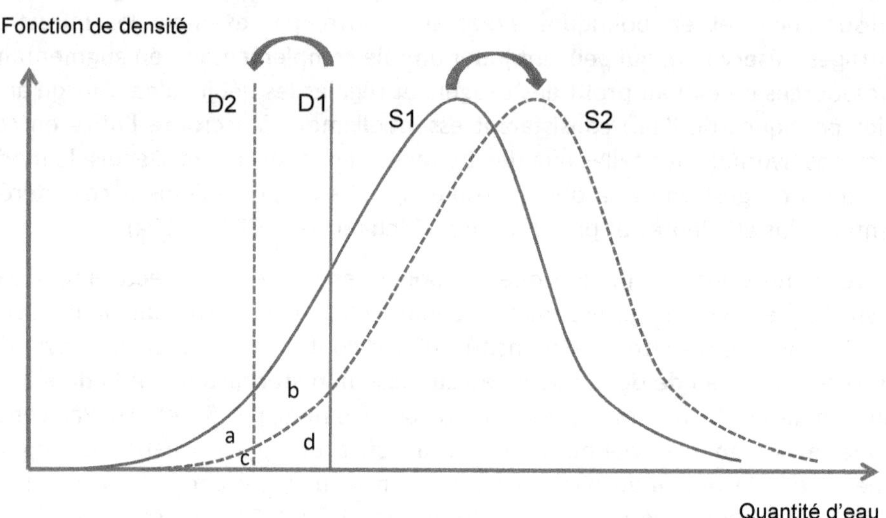

Graphique 3.2. Intensité d'utilisation des ressources en eau douce

Prélèvements bruts en pourcentage du total des ressources renouvelables

Stress hydrique : <10 : faible ; 10 %-40 % : modéré à moyennement élevé ; >40 % : élevé

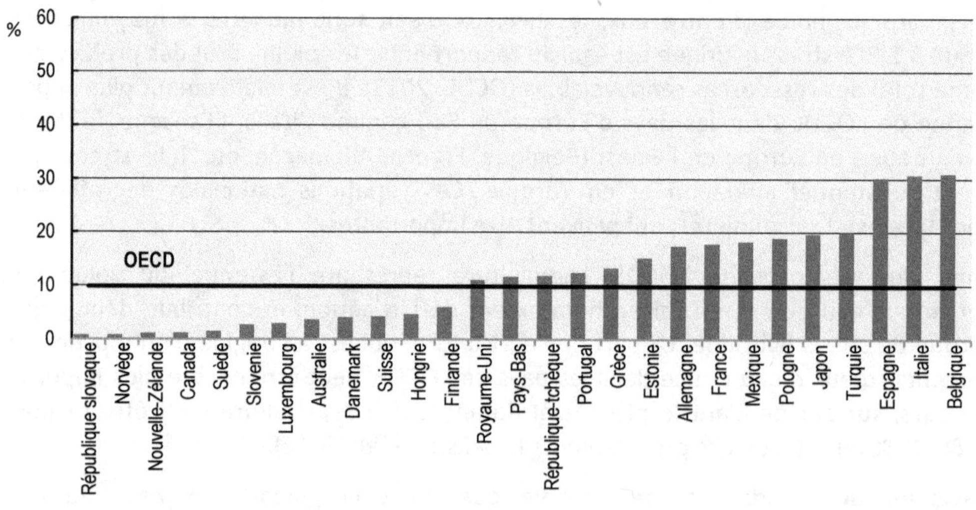

Note : la ligne horizontale noire représente la moyenne de l'OCDE.

Source: OECD (2013), http://dx.doi.org/10.1787/9789264185715-en.

Les politiques de l'eau axées sur la demande se fondent généralement sur un système de droits sur l'eau, individuels ou collectifs, sur la base desquels les instruments économiques sont conçus : tarification de l'eau, droits sur l'eau échangeables, etc. La tarification administrative de l'eau est généralement du ressort d'une collectivité ou d'un organisme public qui fournit un service d'eau et s'efforce de recouvrer au moins une partie des coûts. Concrètement, les systèmes de droits sur l'eau peuvent concerner différentes catégories d'usagers et tenir compte de certaines priorités (antériorité, etc.) et la consommation peut être illimitée ou être fonction de quantités ou de volumes d'eau définis sur une base individuelle ou collective, de débits journaliers ou hebdomadaires, etc. Si ces systèmes sont répandus dans les pays de l'OCDE, leurs caractéristiques varient considérablement, même d'une région à une autre d'un même pays, voire même d'un périmètre irrigué à un autre. Les échanges formels de quotas d'eau, en particulier, restent limités à l'échelle mondiale, y compris dans les pays de l'OCDE, encore que ces marchés tendent à se développer ou se perfectionner (Australie, États-Unis). Une étude récemment consacrée par l'OCDE aux systèmes d'allocation de l'eau montre qu'un nombre important de régimes permettent d'échanger, de louer ou de transférer des droits sur l'eau ; les conditions sont toutefois très variables d'un régime à l'autre (OCDE, 2015a).

Différents types d'instruments ont été utilisés au cours des deux dernières décennies pour réguler la demande d'eau agricole (OCDE, 2010a). Bien que certains instruments soient plus largement employés dans certains pays, la plupart des politiques de l'eau axées sur la demande comprennent un ensemble d'outils réglementaires, de mécanismes flexibles, formels ou informels, et d'incitations économiques. Par exemple, les marchés de l'eau australiens sont assujettis à d'importantes réglementations qui visent à assurer leur bon fonctionnement, dont certaines régissent les possibilités d'échange entre les États australiens et les rachats de droits sur l'eau par l'État fédéral ou définissent les débits environnementaux minimaux. À l'inverse, dans certains pays qui semblent privilégier des approches réglementaires contraignantes, il n'est pas inhabituel d'observer un assouplissement des règles d'attribution des droits sur l'eau en période de pénurie, par le biais, notamment, d'un processus de négociation entre usagers pendant l'épisode de sécheresse.

En dépit des progrès indéniables constatés dans plusieurs pays, la situation pourrait être nettement améliorée (encadré 3.1). Dans la plupart des pays de l'OCDE, le recouvrement des coûts d'exploitation, d'entretien et d'investissement associés à l'eau agricole n'est pas total. Des problèmes de viabilité financière et d'incitations à surconsommer la ressource de façon non durable se posent donc puisque, à son niveau actuel, le taux de recouvrement des coûts ne prend pas en compte le coût des externalités négatives (OCDE, 2010a). Le recouvrement intégral des coûts liés à l'utilisation de l'eau est un aspect fondamental des politiques de l'Union européenne en ce domaine depuis la publication de la directive-cadre sur l'eau.

Les préoccupations croissantes concernant la rareté de l'eau et les sécheresses au sein de l'Union européenne ont conduit la Commission européenne (CE) à proposer en 2007 une série de mesures dans le cadre d'une communication au Parlement et au Conseil (Commission européenne, 2007a ; 2007b ; 2012 ; encadré 3,2). Ce texte souligne l'importance de la dimension quantitative de la gestion de l'eau pour mieux atténuer la rareté de la ressource et la vulnérabilité à la sécheresse dans les États membres. Bien que des instruments spécifiques de gestion de la sécheresse aient été proposés, la Communication réaffirme que les mesures de lutte contre le stress hydrique structurel (fixation de tarifs corrects ; répartition plus efficiente des financements ; et financement d'utilisations efficientes de l'eau) sont des éléments prioritaires d'une stratégie publique efficace et complète conçue pour atténuer les risques de sécheresse et les pénuries d'eau au sein de l'Union européenne.

Encadré 3.1. Tendances récentes des politiques de l'eau dans les pays de l'OCDE

La plupart des pays de l'OCDE ont entrepris de réformer leurs politiques de l'eau durant la dernière décennie, mais les progrès accomplis varient selon les pays. Les principales tendances observées peuvent être récapitulées comme suit (pour plus de détails, voir OCDE, 2010a).

- Tendance à la décentralisation des politiques de gestion de l'eau.
- Passage de politiques axées sur l'offre à des politiques axées sur la demande.
- Dans certains pays, création d'outils économiques tels que la tarification et les marchés de l'eau, principalement dans le secteur agricole. Les transferts d'eau intersectoriels restent rares.

Malgré ces tendances générales, la tarification de l'eau demeure limitée ou partielle dans les pays de l'OCDE et, le cas échéant, couvre essentiellement les coûts d'exploitation et d'entretien. Les coûts de rareté de la ressource sont rarement inclus dans la formule de tarification. Certains pays ont choisi de développer les échanges de quotas d'eau, notamment les États-Unis et l'Australie. Les réformes conduites dans certains pays ont contribué (les politiques et marchés agricoles, en particulier) à une utilisation plus efficiente de l'eau en agriculture. Les apports d'eau d'irrigation (volumes d'eau douce prélevés par unité de surface irriguée) ont fortement diminué dans plusieurs pays de l'OCDE, comme l'Australie et le Mexique.

Mais, durant la prochaine décennie, ces progrès pourraient être remis en question par l'augmentation de la demande de produits agricoles, sur fond d'accroissement de la population mondiale, de hausse des revenus et de changement climatique.

Source: OECD (2010a), http://dx.doi.org/10.1787/9789264083578-en.

Encadré 3.2. Initiative de l'Union européenne de 2007 pour la gestion des risques de sécheresse

Dans un contexte de multiplication des épisodes de sécheresse et des pénuries d'eau qui y sont associées, la Commission européenne a proposé sept options stratégiques, exposées dans sa Communication intitulée « Faire face aux problèmes de rareté de la ressource en eau et de sécheresse dans l'Union européenne » (Commission européenne, 2007c) :

1. fixer le juste prix de l'eau
2. répartir plus efficacement l'eau et les fonds liés à l'eau
3. améliorer la gestion des risques de sécheresses
4. envisager des infrastructures d'approvisionnement en eau supplémentaires
5. promouvoir des technologies et pratiques permettant une utilisation rationnelle de l'eau
6. favoriser l'émergence en Europe d'une culture des économies d'eau
7. améliorer les connaissances et la collecte de données.

Cette communication fait l'objet d'un suivi sous la forme de rapports annuels.

Depuis la publication de la Communication de la CE de 2007, des rapports de suivi sur les progrès accomplis par les États membres sont établis sur une base quasi-annuelle, en même temps qu'une analyse des lacunes des politiques de l'eau dans l'Union européenne. D'après ces sources, bien que certains États membres aient progressé dans les différents secteurs d'action stratégiques relatifs à la sécheresse et à la rareté de l'eau, les politiques conduites dans ce domaine semblent encore comporter des lacunes importantes. En outre, faute de données et d'indicateurs appropriés, il est difficile d'évaluer les effets réels des réformes, par exemple des dépenses en faveur d'une utilisation rationnelle de l'eau.

Dans plusieurs pays, la forte dépendance des exploitations agricoles vis-à-vis de l'eau souterraine est un facteur primordial du stress hydrique. Comme l'indiquent plusieurs rapports de l'OCDE (OCDE, 2010a ; OCDE, 2014b), on observe une absence de régulation des ressources en eau souterraine dans plusieurs pays de l'OCDE, ce qui n'est pas le cas pour les eaux de surface. Bien que les raisons en soient complexes, ce problème peut néanmoins avoir des effets négatifs sur la viabilité des ressources en eau souterraine. Cela est notamment le cas lorsqu'il existe une pénurie d'eau de surface ou un cumul de neige insuffisant, qui réoriente l'offre vers les eaux souterraines dans le cadre d'un mécanisme implicite d'« assurance eau » pour les agriculteurs. Les sécheresses dont a souffert la Californie en 2013-14 en fournissent un exemple : les eaux souterraines ont remplacé les eaux de surface absentes, au point d'avoir peut-être compromis la capacité des nappes souterraines à se recharger aussi vite qu'auparavant (Howitt et al., 2014 ; OCDE, 2015b).

L'utilisation rationnelle de l'eau : condition nécessaire, mais non suffisante

Au cours des deux dernières décennies, les pouvoirs publics et les chercheurs ont privilégié l'utilisation rationnelle de l'eau pour atténuer le stress hydrique structurel et la vulnérabilité au risque de pénurie d'eau dans le cadre d'une stratégie conçue pour relever les défis liés à la rareté de la ressource (FAO, 2008). L'utilisation efficace de l'eau a trois composantes, qui sont présentées dans le graphique 3.3. Différentes options techniques peuvent être retenues pour améliorer l'utilisation de l'eau (Pereira et al., 2012 ; Levido et al., 2014 ; Jensen et al., 2014), qui permettraient au secteur agricole de produire plus d'aliments pour la consommation humaine et animale et de fibres, tout en libérant des ressources en eau pour d'autres utilisateurs et d'autres usages. Le débat sur l'utilisation efficace de l'eau est étroitement lié au débat sur les écarts de productivité de l'eau ; en effet, les pratiques d'irrigation sont loin d'être optimales et l'adoption de pratiques plus efficaces (passage de systèmes par gravité à des systèmes d'aspersion, par exemple) permettrait de réaliser d'importantes économies d'eau (Brauman et al., 2013 ; Gómez et Pérez-Blanco, 2014 ; Scheierling et al., 2015).

Améliorer l'efficacité de l'utilisation de l'eau est l'objectif de nombreux pays de l'OCDE confrontés au stress hydrique et exposés à des épisodes de sécheresse. C'est notamment le cas de l'Union européenne, où favoriser les technologies et les pratiques économes en eau fait partie des options stratégiques envisagées pour mieux gérer les sécheresses et les inondations (encadré 3.2). Aux États-Unis, le programme en faveur de la qualité de l'environnement (Environmental Quality Incentives Program, EQIP) est une source importante de financements fédéraux destinés à moderniser les pratiques d'irrigation et rationaliser l'utilisation de l'eau. En Australie, les réformes de la politique de l'eau des dix dernières années ont débouché non seulement sur la création de marchés de l'eau, mais aussi sur des programmes importants de modernisation des infrastructures d'irrigation (Kirby et al., 2014).

Si améliorer l'efficacité de l'utilisation de l'eau est en réalité indispensable pour conduire une stratégie de croissance verte en agriculture, plusieurs aspects sont à prendre en compte pour vérifier que les démarches favorisant une telle utilisation atteignent bien leurs objectifs. Se concentrer trop exclusivement sur l'efficacité, sans assurer la cohérence de la politique de l'eau, peut en effet produire des effets pervers et contre-productifs. Trois points méritent une attention particulière à cet égard (Gómez et Pérez-Blanco, 2014) :

- le paradoxe hydrologique ;
- le risque d'effet de rebond ;
- l'effet indirect des choix de production.

Le premier défi réside dans le risque de « paradoxe hydrologique ». Une utilisation plus rationnelle de l'eau peut être neutre, voire diminuer les ressources en eau disponibles pour d'autres utilisateurs. Dans de nombreux bassins versants, une part importante de l'eau d'irrigation retourne à l'hydrosystème, permettant la recharge des nappes souterraines ou contribuant au débit des cours d'eau en aval. Augmenter l'efficacité d'utilisation de l'eau agricole peut permettre de réduire les prélèvements d'eau, mais, du même coup, les restitutions à l'hydrosystème. Ce phénomène, que l'on qualifie souvent de « paradoxe hydrologique », illustre le rôle parfois bénéfique de l'irrigation pour les hydrosystèmes. Pour atténuer les conséquences imprévues des gains d'efficacité dans l'utilisation de l'eau, il faut une comptabilité appropriée de l'eau, à l'échelle des bassins, intégrant non seulement les prélèvements, mais aussi l'eau restituée au système. Mais passer de la science hydrologique à l'inclusion de ces types de flux dans les systèmes de droits sur l'eau est une tâche complexe. La comptabilisation de ces restitutions devrait donc être étudiée plus systématiquement afin d'en évaluer l'importance relative à l'échelle des bassins versants. Dans un second temps, il faudrait que les restitutions d'eau soient prises en compte dans les systèmes d'allocation de l'eau pour mieux refléter l'offre et la demande d'eau globales et parvenir ainsi à une répartition plus efficiente de la ressource (OCDE, 2015a).

La deuxième conséquence imprévue d'une utilisation plus rationnelle de l'eau est ce que l'on appelle le risque d'effet de rebond ou paradoxe de Jevons. Cet effet trouve son origine dans le domaine des économies d'énergie, mais un nombre croissant de travaux de recherche semblent indiquer qu'il pourrait aussi être pertinent pour la gestion de l'eau agricole. L'idée est simple : une utilisation plus efficiente de l'eau se traduit par une rentabilité accrue des cultures irriguées et incite donc les agriculteurs à augmenter leurs surfaces irriguées. C'est ce que l'on observe quand les économies d'eau liées aux gains d'efficience sont exploitées par l'agriculteur au lieu d'être restituées à l'hydrosystème. Le corollaire classique de ce phénomène est que les gains d'efficience devraient aller de pair avec une réglementation de la demande d'eau ou des zones irriguées afin d'éviter l'effet de rebond.

Graphique 3.3. Processus influant sur l'efficience de l'irrigation

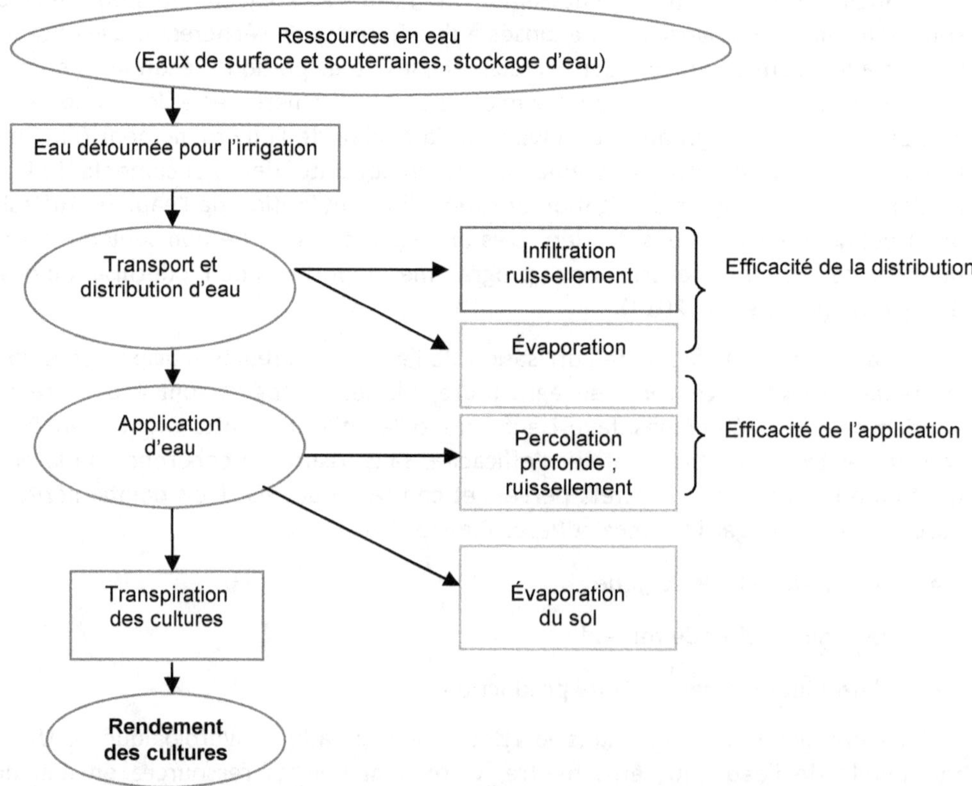

Source : basé sur Pereira et al. (2012), http://econpapers.repec.org/article/eeeagiwat/v_3a108_3ay_3a2012_3ai_3ac_3ap_3a39-51.htm.

Enfin, même en tenant compte des risques précités d'effets pervers, les investissements effectués pour accroître l'efficacité de la consommation d'eau peuvent inciter les agriculteurs à se spécialiser dans les cultures irriguées, au risque de se retrouver, au final, plus dépendants des ressources en eau et plus exposés aux risques du changement climatique.

Le rôle des infrastructures de stockage de l'eau et d'autres sources d'approvisionnement en eau

Les démarches axées sur l'offre ont généralement été privilégiées jusqu'à la fin des années 80, après quoi on a assisté à une transition progressive à des politiques axées sur la demande, dans un contexte qui, selon les projections, devrait se caractériser par une augmentation de la demande, un accroissement de la rareté de la ressource et le changement climatique. En dépit de cette tendance, l'augmentation et la sécurisation des ressources en eau restent une dimension importante du débat sur la gestion de l'eau. En général, les barrages modifient la distribution statistique de l'eau disponible dans un sens plus complexe et ont souvent plusieurs objectifs : augmenter l'offre d'eau en est un, mais ils réduisent aussi le risque d'inondation et de sécheresse aux extrêmes de la distribution en régulant la variation des débits. Cette régulation des débits ou la prévention des inondations peut être un objectif important, et même le principal pour certains barrages. En effet, la valeur des ressources en eau peut fortement fluctuer dans le temps et accroître l'approvisionnement en eau, souvent pour maintenir les débits d'eau en période estivale.

Plusieurs pays de l'OCDE comme l'Australie, l'Espagne et la France envisagent de construire des barrages et plus généralement des infrastructures de stockage de l'eau appelées à devenir des éléments clés de leurs politiques de lutte contre la rareté de l'eau et les sécheresses. L'Australie juge particulièrement intéressant d'intégrer la gestion du stockage de l'eau et les marchés de l'eau existants et donc de se concentrer sur les questions de gestion. L'Espagne envisage de créer de nouvelles infrastructures hydrauliques pour remédier à la rareté croissante de la ressource. En France, le débat de fond concerne la possibilité d'assurer l'accès à l'eau en utilisant des ouvrages de stockage sur les exploitations agricoles. Israël accorde une attention particulière aux possibilités offertes par les techniques de dessalement en tant qu'autre source d'approvisionnement. Dans l'Union européenne, les ouvrages de stockage de l'eau peuvent mettre cette ressource à disposition pour certains usages, mais la politique privilégie les mesures visant à réguler la demande d'eau agricole et à accroître l'efficacité de l'utilisation d'eau de manière à assurer le bon fonctionnement des écosystèmes (encadré 3.2). Au-delà des démarches propres à chaque pays, le vieillissement des infrastructures et la nécessité de financer des programmes de modernisation sont des problèmes qui se posent dans de nombreux pays de l'OCDE.

Pour les pouvoirs publics, le défi lié aux infrastructures de stockage de l'eau semble avoir évolué ces dernières années. D'un côté, des infrastructures comme les « grands » barrages ont attiré des critiques en raison de leurs conséquences négatives sur les écosystèmes, de leur coût financier élevé et de leur faible retour sur investissement (Ansar et al., 2007) et, plus récemment, de leurs effets sociaux négatifs inattendus (Duflo et Pande, 2007). Ces critiques persistent et s'intensifient depuis qu'une grande place est accordée aux préoccupations environnementales à l'échelle mondiale. D'un autre côté, l'augmentation des pénuries et des phénomènes hydrologiques extrêmes associés à l'accélération du cycle de l'eau indiquée par les projections par suite du changement climatique pourrait inciter certains pays à réexaminer les coûts et les avantages de leurs stratégies de stockage de l'eau et à les adapter. La sécheresse qui sévit en Californie en est un exemple récent : la recherche de nouvelles sources d'approvisionnement en eau fait partie des options considérées par les responsables de l'action publique. La sécurité alimentaire peut aussi être un élément important dans l'équilibre politique global concernant les stratégies de stockage de l'eau.

Il n'est pas possible de formuler des recommandations trop générales sur l'intérêt que présenterait la construction d'infrastructures de stockage de l'eau. À cet égard, le mieux est de rappeler que les projets d'infrastructures hydrauliques devraient s'appuyer sur un processus décisionnel transparent et inclusif, dans le cadre duquel l'ensemble des coûts et avantages pour les différents usagers et usages de l'eau (y compris les écosystèmes) est clairement identifié à l'aide d'une analyse coût-avantages réalisée suivant les règles de l'art (OCDE, 2006). Il pourrait être utile à cet égard de tirer les leçons des problèmes dus au fait que les coûts réels de ces projets n'ont pas été estimés. Dans certaines régions, envisager des formes de stockage plus compatibles avec les écosystèmes (plaines inondables, par exemple) pourrait être plus une solution plus efficiente et durable que la création d'infrastructures « grises ». Le défi consiste, dans ce cas, à s'assurer que, aux étapes initiales de conception d'un projet, toutes les options sont prises en compte dans le cadre de l'évaluation, afin d'éviter un parti pris défavorable *ex ante* contre les infrastructures écologiques. Adopter une méthodologie plus normalisée et harmonisée pour évaluer la totalité des coûts et avantages pourrait en pratique contribuer à éviter ce parti pris (chapitre 1). Dans le secteur agricole, les considérations liées à l'économie politique jouent un rôle majeur à ce niveau, dans la mesure où la construction d'infrastructures hydrauliques est vue parfois comme une contrepartie aux réformes visant à réglementer plus strictement la demande d'eau.

Plans de gestion des pénuries d'eau

Outre les efforts déjà déployés ou qui devraient l'être pour atténuer le risque de sécheresse par des politiques de l'eau générales et des mesures de prévention spécifiques, il importe de gérer les épisodes de sécheresse quand ils surviennent afin d'en minimiser les coûts pour les usagers de l'eau. Cette gestion à court terme du risque, qui intervient a posteriori ou durant l'épisode, peut être aussi importante que des mesures d'atténuation à long terme ex ante, bien qu'elle semble avoir fait l'objet d'un moins grand nombre d'études économiques.

En ce qui concerne la terminologie, certains auteurs utilisent le terme « adaptation » pour décrire ces ripostes à court terme, quand d'autres lui préfèrent « gestion de crise » (Morris et al., 2010 ; Lefebvre et Thoyer, 2012). Le terme de crise est souvent associé à l'idée d'un manque de préparation et à un événement soudain, mais ce que l'on qualifie couramment de « gestion de crise » désigne une série de règles décisionnelles préétablies et la capacité de faire dûment face à une situation quand elle se produit. Il paraît préférable de parler de « plans de gestion des risques » pour décrire des règles décisionnelles prédéfinies, applicables en cas de sécheresses et d'inondations, tandis que le terme de crise reflète mieux la gestion ad hoc, associée à des règles prédéfinies qui, le moment venu, se révèlent relativement incomplètes.

Les prélèvements d'eau douce pour l'agriculture sont très variables durant la période de végétation et culminent généralement pendant les phases cruciales du développement végétatif, en particulier la floraison. Au cours de ces pics, ils peuvent représenter jusqu'à 80-90 % du total des prélèvements d'eau douce, soit beaucoup plus que sur l'année en moyenne. La gestion à court terme des pénuries d'eau concerne les périodes de temps limitées, mais critiques durant lesquelles la pénurie d'eau est la plus prononcée et les conséquences pour les producteurs agricoles ainsi que d'autres usagers et usages de l'eau peuvent être importantes.

Le graphique 3.4 prix entre les trois étapes principales d'une politique à court terme visant à remédier aux pénuries d'eau en période de sécheresse. La première étape consiste à évaluer l'état de la ressource ou le débit. Il faut pour cela des outils de surveillance et des systèmes d'information, notamment des indicateurs de sécheresse et d'inondation, des instruments de contrôle des niveaux et des débits, et une procédure pour traiter ces informations et reconnaître l'état extrême (étape 1). Concrètement, les parties prenantes peuvent intervenir et des experts peuvent participer à cette étape, mais des règles plus « automatiques » fondées sur des systèmes de surveillance (débit d'un cours d'eau, par exemple), peuvent aussi être utilisées.

Graphique 3.4. Gestion de crise : étapes-clés de la gestion des épisodes de pénurie et d'excès d'eau

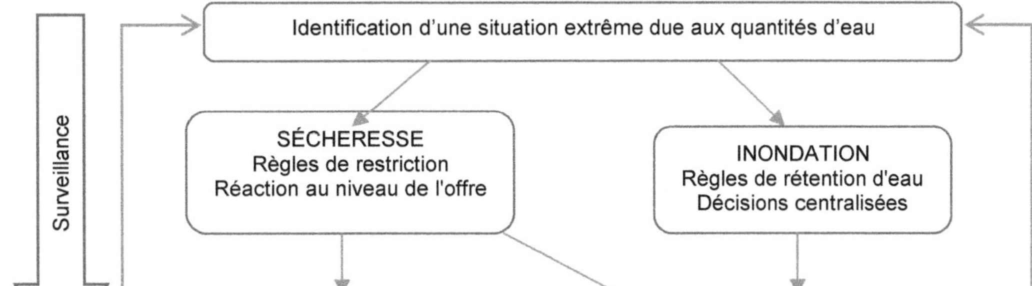

Si la situation de pénurie est considérée comme critique, elle peut déclencher l'application d'une série de règles de restriction d'usage de l'eau, qui peuvent être éventuellement combinées avec des mesures à court terme relatives à l'approvisionnement en eau, consistant par exemple à soutenir le débit d'un cours d'eau en relâchant des volumes croissants d'eau provenant d'un barrage ou en autorisant les pompages souterrains (étape 2). Les restrictions d'usage à court terme peuvent viser tous les usagers, mais surtout ceux qui ont besoin de prélever de l'eau douce (usages agricoles, urbains et industriels, etc.).

Dans certains cas, après ou pendant l'étape 2, des mécanismes flexibles de redistribution de l'eau entre les agriculteurs ou un plus large éventail d'usagers peuvent être instaurés (tableau 3.1). Dans la pratique, cela prend généralement la forme d'échanges de quotas d'eau ou d'enchères organisées par des organismes publics. En fait, les étapes 2 et 3, c'est-à-dire les restrictions d'usage et les mécanismes flexibles de redistribution de l'eau, peuvent être utilisés simultanément, comme deux éléments d'un système plus global destiné à lutter contre les pénuries temporaires. Dans d'autres cas, ces mécanismes ne sont pas mis en place et il n'y a donc pas d'étape 3. Enfin, il peut aussi arriver que des règles de restriction visent déjà à redistribuer l'eau de manière aussi efficiente que possible, bien que ce type d'instrument ne soit pas souple (OCDE, 2015a). Le tableau 3.1 et l'encadré 3.3 présentent des exemples de règles de restriction existantes et les systèmes d'allocation initiaux fonctionnant en situation « normale ».

En cas de pénurie d'eau, le mécanisme le plus couramment utilisé dans la plupart des pays, y compris ceux de l'OCDE, repose sur un ensemble de règles de priorité entre les différents usages et usagers de l'eau ou sur une réduction proportionnelle temporaire des droits sur l'eau (OCDE, 2015a). Les deux mécanismes peuvent être instaurés simultanément. En général, les règles de priorité concernent différents usagers et usages de l'eau (agriculture, industrie et tourisme), tandis que la réduction proportionnelle des droits est pratiquée dans le secteur agricole ou de l'irrigation. Un autre mécanisme fréquemment utilisé pour gérer les pénuries temporaires consiste à interdire d'irriguer pendant une période de temps déterminée (restrictions horaires), ce qui peut être considéré comme un équivalent imparfait de la réduction volumétrique des droits sur l'eau.

Tableau 3.1. Systèmes d'allocation et mesures d'adaptation aux sécheresses dans l'agriculture

Système d'allocation de l'eau Situation «normale »	Règles de restriction d'usage de l'eau Situations « extrêmes » (pénurie)	
	Mécanisme de restriction	Mécanisme de flexibilité
Droits sur l'eau (individuels ou collectifs)	• Rachat par l'État de droits sur l'eau sur des marchés au comptant • Mise aux enchères publiques de droits sur l'eau • Réduction proportionnelle de quotas individuels ou collectifs visant à ce que la demande globale corresponde à l'offre globale • Règle de priorité : les usagers ou groupes d'usagers prioritaires conservent leur quota initial ; les suivants se partagent l'offre globale résiduelle.	– Échange de quotas d'eau – Location de droits sur l'eau
Tarification réglementaire	• Tarification de la pénurie fonction de la situation : les prix varient en fonction de l'eau disponible (rare en pratique)1 • Formule de tarification de l'eau avec un prix marginal croissant en fonction de la consommation individuelle (plus fréquente, mais vise moins à réagir à court terme aux pénuries d'eau)[2]	
Réglementation des surfaces irriguées	• Interdiction d'irriguer dans certaines zones pendant une période donnée. • Combinaison de restrictions horaires et de réduction des quotas d'eau.	

1. En pratique, ces formules de tarification administrative sont rarement utilisées, et ce pour différentes raisons : difficulté de mise en pratique, effets de redistribution inattendus, baisse incertaine de la consommation d'eau du fait de l'élasticité prix inconnue de la demande d'eau, etc.

2. Ces tarifs par tranches, quand ils sont établis sur des consommations d'eau individuelles, ne peuvent pas être considérés comme des mécanismes de restriction stricto sensu, puisqu'ils ne sont pas fondés sur l'offre d'eau globale. Néanmoins, le fait qu'ils adressent un signal aux consommateurs individuels (coût marginal croissant) peut constituer une incitation à adopter des pratiques atténuant le risque de sécheresse.

Il est intéressant de noter que la tarification administrative est rarement utilisée pour gérer les pénuries d'eau à court terme, même quand il existe un mécanisme de tarification. Cela tient peut-être à ce que, dans le secteur agricole, la tarification administrative de l'eau est très peu utilisée, même à long terme, pour refléter le coût d'opportunité de l'eau et donc répartir la ressource entre les agriculteurs, mais sert plutôt d'outil de financement des infrastructures hydrauliques. Il n'est donc guère surprenant qu'elle ne soit que peu utilisée à court terme. En outre, pour réduire la consommation d'eau de manière temporaire en relevant le tarif, il importe d'avoir une certaine idée de l'élasticité prix de la demande, qui peut être très variable selon les périodes. Les hausses de tarif peuvent en outre avoir des conséquences négatives au plan de l'équité pour les agriculteurs, et entraîner une redistribution régressive par le biais de la demande. Pour finir, les pressions politiques exercées par le secteur agricole sont également susceptibles de faire obstacle à la conception d'un tel instrument. Des considérations institutionnelles plus générales peuvent aussi jouer un rôle : un système de tarifs administratifs variables de ce type avait été proposé au Royaume-Uni ; il a été rejeté, car la politique fiscale britannique impose que les taxes soient prévisibles et stables.

Encadré 3.3. Deux exemples de mécanismes flexibles de redistribution de l'eau en période de pénurie

Gestion volumétrique des ressources en eau en France

La gestion volumétrique constitue un exemple de pratique de gestion de la ressource. Ce système prévoit d'attribuer à chaque agriculteur, durant la période de végétation, un droit d'accès à l'eau exprimé en volume et calculé en fonction de sa superficie cultivée (en hectares). Ce volume total d'eau est ensuite réparti sur différentes périodes, généralement semaine par semaine, et il est interdit à l'agriculteur de dépasser son quota durant la période considérée (base hebdomadaire ou de dix jours). Les volumes sont estimés grâce à un appareil de mesure installé sur l'exploitation et la police de l'eau peut procéder à des contrôles aléatoires au terme de chaque période. La tarification de l'eau d'irrigation couvre principalement les coûts d'exploitation et d'entretien ainsi que les investissements liés aux ouvrages d'irrigation. Elle n'a pas pour objet de refléter les coûts de rareté (OCDE, 2010a). Les irrigants doivent verser une redevance à l'agence de leur bassin hydrographique. La redevance peut varier selon les régions ou les techniques d'irrigation employées, mais son montant moyen est généralement considéré comme trop faible pour inciter les irrigants à réduire leur demande d'eau (Lefebvre et Thoyer, 2012).

En période de pénurie d'eau, des règles particulières s'appliquent. Premièrement, les disponibilités en eau sont mesurées régulièrement par les antennes régionales des ministères de l'Environnement et de l'Agriculture français. Le débit des cours d'eau est mesuré à différents endroits du bassin hydrographique et comparé à deux seuils critiques d'alerte prédéfinis, le débit objectif d'étiage (DOE) et le débit de crise (DCR). Lorsque le débit mesuré est supérieur au DOE, alors il n'y pas de restriction à l'irrigation. S'il se situe entre le DOE et le DCR, des restrictions peuvent être imposées au terme d'un processus de négociation normalisé auquel participent les parties prenantes dans le cadre d'un comité sécheresse. Quand le débit tombe au-dessous du DCR, l'irrigation est alors interdite dans le bassin en question, afin de garantir un débit écologique minimal, l'objectif étant de préserver les deux priorités que sont l'approvisionnement en eau courante et la protection de la faune et de la flore aquatiques. Ces différentes règles de restriction sont au demeurant temporaires et peuvent être révisées en fonction de l'évolution du débit d'eau.

Marchés de l'eau en Australie

Durant la dernière décennie, l'Australie a connu de graves et fréquents épisodes de sécheresse, à la suite desquels les politiques de gestion de l'eau ont été réformées en profondeur, en particulier dans le secteur agricole. Elles se caractérisent principalement par le recours aux marchés de l'eau. Chaque année, les agriculteurs se voient attribuer des quotas de prélèvement d'eau, qui peuvent être révisés en fonction de l'état des réserves d'eau et des précipitations. Il existe deux marchés de l'eau distincts : un marché à long terme et un marché à court terme. Chacun d'eux cible une période spécifique. Les marchés à court terme permettent aux agriculteurs de procéder à des échanges temporaires, ce qui permet une allocation plus efficiente durant la période de végétation, et donc de réduire le coût global de la ressource pour l'ensemble des exploitants.

Les marchés de l'eau australiens ont pour particularité intéressante de définir les droits individuels comme une part du volume total d'eau disponible sur une période donnée. L'État rachète assez de droits sur l'eau pour garantir le bon fonctionnement de certains écosystèmes (débits écologiques minimaux). Dans le secteur de l'agriculture irriguée, les échanges d'eau permettent au système de s'adapter continuellement et presque automatiquement à l'évolution des conditions météorologiques et hydrologiques pendant la période de végétation. Le système permet également aux agriculteurs d'échanger leurs droits. L'association de ces deux dispositifs permet de réduire de façon significative le coût global des sécheresses assumé par l'ensemble du secteur agricole, comme le montrent Mallawaarachchi et Foster (2009) dans une étude portant sur la pénurie d'eau dont a souffert l'Australie en 2007-2008.

Source: Extrait d'OCDE (2014), http://dx.doi.org/10.1787/9789264209138-en.

Malgré ces limitations, certains périmètres irrigués ou certaines entreprises d'irrigation continuent de recourir à certains mécanismes de tarification administrative pour atténuer le risque de pénurie d'eau. Il s'agit, généralement, de systèmes de tarifs progressifs par tranches, qui envoient un signal imparfait aux usagers de l'eau en augmentant le coût d'opportunité lié à la rareté de l'eau, ou de certains systèmes de tarification non linéaires plus complexes. Dans la tarification par tranches, chaque tranche correspond à un volume de consommation et est assortie d'un prix unitaire différent. Dans un système de tarifs progressifs par tranches, le prix unitaire de l'eau augmente à chaque changement de tranche. Sidibé et al. (2012) ont montré, au moyen d'un modèle de simulation, que ces systèmes de tarification non linéaires permettent assez efficacement d'atténuer les effets négatifs des sécheresses pour les agriculteurs ayant une aversion pour le risque, en prenant l'exemple de deux entreprises d'irrigation en France : la Compagnie d'aménagement des coteaux de Gascogne et la Compagnie d'aménagement des eaux des Deux-Sèvres. Le système trouve toutefois ses limites lorsque les tarifs se fondent en dernier ressort sur les prélèvements d'eau individuels et ne reflètent donc pas le degré de pénurie. Il faut, dans la mesure du possible, privilégier les mécanismes comparables aux marchés de l'eau australiens, c'est-à-dire fondés sur les ressources globales disponibles, car ils sont plus susceptibles d'améliorer l'efficience.

La prédominance de règles de priorité et de réductions proportionnelles des droits imposées à titre temporaire en période de pénurie pose la question de leur efficacité, de leur efficience et de leur équité. Si l'objectif est d'obtenir des avantages marginaux identiques pour les différents usagers, ces règles sont clairement imparfaites. Les règles de priorité peuvent ne pas refléter correctement la valeur (marginale) relative de l'eau pour les différents usages et usagers, tandis que la réduction proportionnelle des droits sur l'eau peut porter davantage préjudice à certains usagers qu'à d'autres, par exemple les producteurs de cultures pluriannuelles par rapport aux producteurs de cultures annuelles. Il est possible, pour améliorer l'efficacité de l'allocation de l'eau à court terme, d'autoriser les échanges temporaires ou saisonniers des droits sur l'eau. Ces échanges sont pratiqués en Australie depuis des années et l'évaluation des avantages de ce système tend à montrer qu'il a permis d'améliorer notablement l'efficience économique, en particulier pendant les sécheresses. De très nombreuses études ont été publiées sur le sujet en Australie ; elles semblent amplement montrer que ces systèmes d'échanges, en particulier les marchés à court terme, permettent non seulement d'atténuer sensiblement les effets de la sécheresse sur le secteur agricole, mais sont maintenant considérés par les agriculteurs comme l'un des instruments de base essentiels de leur panoplie d'outils de gestion des risques. Pour les pouvoirs publics australiens, le défi à relever en matière de régulation de l'eau dans le secteur agricole consiste surtout à perfectionner le système existant et à s'assurer de sa robustesse dans le contexte du changement climatique.

Précision ou simplicité ? — Même si l'exemple australien illustre les gains d'efficience que l'on peut escompter des marchés de l'eau, en particulier pour gérer les pénuries d'eau en période de sécheresse, le choix d'un instrument doit toujours prendre en compte la totalité des coûts et avantages. Le fonctionnement d'un marché de l'eau à court terme nécessite d'investir, au moins au début, dans des systèmes de surveillance, dans l'acquisition de connaissances en hydrologie et de compétences, dans des changements institutionnels et dans une confiance réciproque. Dans les pays où des sécheresses sévères voire extrêmes sont relativement fréquentes, les gains d'efficience attendus de ces marchés sont probablement supérieurs aux coûts. Dans les pays qui connaissent plus rarement des épisodes de sécheresses ou présentent une moindre sensibilité structurelle aux pénuries d'eau, de simples règles de priorité ou réductions proportionnelles des droits sur l'eau peuvent être une alternative raisonnable. Néanmoins, le changement climatique ainsi que des facteurs liés aux marchés et aux politiques gouvernementales peuvent rapidement modifier le rapport coûts/avantages des différentes démarches ; il semble donc important que les pays qui réforment leur politique de l'eau pour être moins vulnérables au risque de sécheresse envisagent aussi la possibilité d'opter pour des systèmes capables d'évoluer vers plus de flexibilité et d'éviter les effets de verrouillage. L'exemple australien est également intéressant à cet égard, car le processus de réforme s'y est notamment accompagné de rachats de droits sur l'eau coûteux pour l'État.

Au-delà des différents mécanismes formels mis en place pour adapter la demande d'eau à l'offre en période de pénurie (usages prioritaires, réduction proportionnelle des droits, marchés), il ne faudrait pas sous-estimer l'importance de la production et de la diffusion d'informations (météorologiques, hydrologiques, agronomiques) et des processus de gouvernance. Premièrement, l'information permet aux agriculteurs de réviser leurs plans de production à l'arrivée de la sécheresse. Bien que les estimations des avantages associés à cette manière d'utiliser les informations soient très peu nombreuses, on peut raisonnablement penser qu'ils sont importants pour les systèmes agricoles peu spécialisés ou dépendants des ressources en eau (Reynaud, 2009). Deuxièmement, les décisions concernant les règles de restriction d'eau, quel que soit le pays considéré, panachent toujours des règles prédéfinies (seuils d'alerte, débits écologiques minimaux) s'appuyant sur des preuves scientifiques et un processus de négociation entre usagers. La question classique du choix entre règles et décisions discrétionnaires se pose ici du fait de l'absence potentielle d'engagement crédible des autorités responsables des ressources en eau et du recours stratégique au fait accompli dans les processus de négociation (Kydland et Prescott, 1977).

Enfin, la gestion des pénuries d'eau pose la question de la répartition du coût des restrictions. Dans des pays comme la France, les restrictions temporaires d'irrigation ou les réductions des droits sur l'eau liées à des épisodes de sécheresse n'entraînent pas d'indemnisation de l'État par le biais des autorités responsables de la gestion de l'eau. L'eau est considérée comme un bien commun national et les droits sur l'eau accordés aux agriculteurs peuvent donc être limités à l'initiative des pouvoirs publics (en pratique, leur représentant local, c'est-à-dire le préfet). Les agriculteurs n'ont pas de droit sur l'eau à proprement parler ; ils jouissent d'un droit d'usage que leur confère l'État. A l'opposé se trouve le système appliqué en Australie, où l'État rachète des droits[1] aux agriculteurs pour assurer l'équilibre entre l'offre et la demande d'eau, ce qui revient de facto à les indemniser pour la réduction de leurs droits. Cette démarche, qui a pu contribuer à rendre la réforme plus acceptable aux yeux des agriculteurs, soulève des questions liées au coût d'un tel programme et à son équité.

3.2. Politiques d'atténuation des risques hydrologiques : inondations

Agriculture, infrastructures vertes et atténuation du risque d'inondation

Bien que les inondations constituent un risque notable pour l'agriculture dans plusieurs régions du monde, un nombre relativement plus limité de travaux, du moins dans le domaine de l'économie de l'eau, ont été consacrés à l'impact des risques d'inondation sur l'agriculture et aux stratégies d'atténuation de ces risques. Sur le plan technique, la gestion des risques d'inondation n'est pas une nouveauté pour les agriculteurs. Ce risque n'induit même pas forcément de coûts pour eux : certains des systèmes les plus fertiles apparus tout au début de l'histoire de l'agriculture étaient associés à des réseaux hydrographiques et à l'inondation régulière des terres agricoles qui permettaient d'assurer à chaque nouvelle saison la fertilité des sols, comme dans le bassin du Nil.

Actuellement, au niveau des exploitations, les modifications de l'utilisation des terres ou le recours à des pratiques agricoles favorisant l'infiltration de l'eau, les protections mécaniques et le capital technique peuvent réduire la vulnérabilité aux inondations. L'éventail des pratiques possibles peut varier en raison du risque d'inondation quand les agriculteurs ont une aversion pour le risque, et il faudrait en tenir compte au moment de l'affectation des terres : les parcelles les plus exposées devraient être réservées aux cultures de moindre rapport (PREEMPT, 2012).

Les mesures de lutte contre les risques d'inondation peuvent être classées en deux groupes : les mesures structurelles et les mesures non structurelles. Les mesures structurelles (barrages, digues, etc.) font obstacle au phénomène de formation des inondations et en modifient le tracé, tandis que les mesures non structurelles consistent à prévoir et prévenir les inondations et à en atténuer les impacts (Commission européenne, 2010). Historiquement – et l'on observe une certaine analogie avec le risque de sécheresse – les mesures structurelles ont été le principal instrument utilisé pour réduire le risque d'inondation. En raison du changement climatique, toutefois, le ratio coût/avantages de ces mesures pourrait être remis en cause, car les prévisions relatives aux précipitations sont de plus en plus incertaines (Foudi, 2013). À l'heure actuelle, les plans de gestion des inondations sont davantage axés sur la préparation, la surveillance et la prévention.

Tableau 3.2. Techniques de réduction naturelle des risques d'inondation

Technique	Application	Localisation potentielle	Principaux objectifs	Notes
Plantation et gestion de haies	Plaines inondables, à l'échelle d'un bassin versant	À mi-pente, le long des bordures de champs existantes	• Améliorer l'infiltration et le stockage • Empêcher le ruissellement de l'eau et des sédiments	Peut-être indiquée pour les paysages de cultures plus intensives
Reprofilage des canaux	Rives	Création d'un canal à deux lits	• Maintenir des profondeurs d'eau suffisantes pendant l'étiage • Améliorer le stockage en hiver • Favoriser une morphologie plus naturelle	Nécessité de consulter des organismes officiels
Colmatage d'écoulements artificiels inappropriés à l'aide de barrages	Rives	Tout écoulement artificiel existant dans le bassin, sous réserve de ne pas aggraver le risque d'inondation	• Débits lents • Améliorer le stockage de l'eau • Intercepter les sédiments en excès	Le colmatage peut être effectué avec de gros débris de bois, de la terre, des cailloux, des balles de foin ou de bruyère. Des palplanches en plastique peuvent être utilisées si les brèches atteignent les couches minérales
Restauration de zones humides	Rives, plaines inondables, à l'échelle d'un bassin	Plaines d'altitude, contreforts de collines et plaines inondables susceptibles de se gorger d'eau	• Améliorer la capacité de stockage des eaux de crue dans tout le bassin	En ligne » (c'est-à-dire physiquement liée au cours d'eau) ou « hors ligne » (le plat d'une colline, par exemple)
Plantation d'arbres dans les ravines	Rives, à l'échelle d'un bassin	Ravines élevées	• Empêcher un ruissellement rapide dans des canaux aux bords escarpés • Utiliser de gros débris de bois pour le canal	Peut nécessiter des clôtures pour le bétail
Mélange d'essences forestières naturelles sur les pentes de collines	À l'échelle d'un bassin	Pentes de collines déboisées et drainées	• Intercepter les précipitations • Améliorer la capacité de stockage du sol • Réduire l'érosion, si le couvert végétal est efficace	Plantation sur les pentes exposées au nord ; les ravines peuvent améliorer la rétention de la couverture neigeuse, désynchronisation des pointes de crue en hiver
Barrières non étanches » (plaines inondables)	Plaine inondable	Zones de plaines inondables cruciales (à distance des bâtiments ou d'infrastructures importantes)	• Intercepter le ruissellement diffus • Améliorer le potentiel de stockage des plaines inondables (eau et sédiments)	Des murs vivants en déchets de saule tressés peuvent être construits pour modifier les trajets d'écoulement dans les plaines inondables
Plantation de zones tampons sur les rives ou bords des cours d'eau	Rives	Tous les cours d'eau, en particulier ceux qui ont été particulièrement modifiés et ceux situés dans des zones drainées artificiellement	• Empêcher le ruissellement diffus • Améliorer la capacité de stockage du sol • Intercepter les débris et les sédiments déplacés	Peut nécessiter de construire des clôtures et de fournir d'autres sources d'eau au bétail

Source : Commission européenne (2011), http://ec.europa.eu/environment/water/flood_risk/better_options.htm.

Tableau 3.3. Mesures d'atténuation du ruissellement en agriculture

Axe choisi	Mesure	Exemples
	•	•
Rétention de l'eau par la gestion des infiltrations à l'échelle du bassin	• Pratiques liées à l'utilisation des terres arables • Pratiques liées à l'utilisation des terres d'élevage • Pratiques de travail du sol • Drainage des champs (pour améliorer le stockage) • Bandes et zones tampons • Gestion mécanique	• Cultures de printemps (≠ cultures d'hiver), recours aux cultures de couverture • Extensification, gel des terres et reconversion des terres arables en pâturages. Diminution de la charge au pâturage, limitation de la saison de pâturage • Travail des sols favorable à leur conservation, labourage perpendiculaire à la pente • Travail et drainage en profondeur pour diminuer l'imperméabilité. Contours herbeux, haies, brise-vent, talus, bandes tampons rivulaires • Deux facteurs à éviter : fortes pressions exercées sur le sol et humidité
Rétention de l'eau par des systèmes de stockage à l'échelle du bassin	• Rétention de l'eau en altitude • Zones de stockage de l'eau	• Bassins d'élevage, fossés, zones humides • Zones d'expansion de crue, polders, réservoirs
Gérer l'évacuation	• Gestion de la connectivité (pentes des collines) • Entretien des canaux • Rectification des canaux	• Colmatage des fossés utilisés dans les exploitations agricoles et creusés dans les landes • Réduction de l'entretien des fossés dans les exploitations agricoles

Source : Morris et al. (2010), http://dx.doi.org/10.1787/9789264083578-9-en.

Par analogie avec les risques de pénurie d'eau, les risques d'inondation peuvent être globalement considérés comme un « mal commun » sur le plan économique et, pour être efficiente, toute stratégie d'atténuation des risques d'inondation doit faire l'objet d'une réflexion intégrée, ne se limitant pas aux aspects économiques et administratifs. C'est bien le cas de la gestion intégrée des crues (GIC), qui est promue par l'Organisation météorologique mondiale et le Partenariat mondial pour l'eau depuis le début des années 2000, sur la base des concepts existants liés à la gestion intégrée des ressources en eau (GIRE). Le principe consiste à associer « la mise en valeur des sols et des ressources en eau dans un bassin fluvial, dans le contexte de la gestion intégrée des ressources en eau, afin d'optimiser l'exploitation des plaines d'inondation et de réduire au minimum les pertes en vies humaines et en biens » (Organisation météorologique mondiale, 2009). Dans l'Union européenne, la tendance consiste à établir l'ordre des priorités des infrastructures « grises » aux infrastructures « vertes », en lien étroit avec le concept de GIC, et l'accent est mis en particulier sur l'élaboration de mesures de rétention naturelle de l'eau (Commission européenne, 2013 ; Linnerooth-Bayer et al., 2013)[2]. Au niveau national, l'initiative Room for the River en est une bonne illustration.

D'après Kenyon et al. (2008), « il n'existe encore que peu de liens institutionnels entre la gestion des risques d'inondation et l'agriculture et il serait tout à fait possible que l'agriculture devienne une partie de la solution plutôt qu'une partie du problème ». Les pratiques de gestion des terres agricoles modifient les propriétés hydrologiques des bassins versants. Elles peuvent donc accentuer les risques d'inondation, mais aussi permettre d'atténuer les inondations potentielles ou de protéger les zones en aval (Kenyon et al., 2008 ; Morris et al., 2010 ; Schilling et al., 2013). Plusieurs mesures peuvent être prises pour retarder le ruissellement et atténuer les crues locales, y compris l'aménagement de bandes enherbées, de mares temporaires et de fossés (Environment Agency, 2007). Restaurer des plaines inondables et des zones humides permet de stocker de l'eau en période de précipitations fortes ou excessives pour l'utiliser en période de pénurie. La Commission européenne (2011)[3] a proposé différentes méthodes de gestion naturelle des inondations, qui sont récapitulées au tableau 3.2. Les techniques liées au secteur agricole sont présentées dans le tableau 3.3.

L'un des principaux défis de ce type de démarche réside toutefois dans le fait que la relation entre la gestion des terres et le risque d'inondation est complexe et très spécifique à chaque site (Pattison et Lane, 2011). En particulier, même si l'on connaît assez bien les causes des crues locales, il est difficile d'extrapoler à l'échelle d'un bassin pour avoir une idée globale des effets qu'auraient les modifications de l'utilisation des terres ou des pratiques agricoles sur le risque d'inondation à cette échelle (O'Connell et al., 2007). Ce manque d'éléments scientifiques probants pose un problème pratique aux responsables de l'élaboration des politiques.

Gestion des crises liées aux inondations et stockage de l'eau sur les terres agricoles

La gestion des crises liées aux inondations est un sujet complexe qui englobe des aspects concernant les institutions, l'aménagement, l'économie et la sociologie, et sort donc du champ de ce rapport. En tant que victimes potentielles des inondations, les agriculteurs font partie intégrante des politiques générales de lutte contre les risques d'inondations, y compris de leur dimension « gestion des crises ». Il y a toutefois un aspect pour lequel les terres agricoles devraient jouer un rôle non négligeable dans la gestion de ces crises : le stockage temporaire de l'eau ou les plaines inondables.

Les terres agricoles peuvent remplir une fonction de stockage des eaux de crue, notamment parce qu'elles représentent une part significative des terres émergées dans la plupart des pays du monde. L'argument de base en faveur des plaines inondables est que le montant des dommages dus aux inondations peut être plus faible dans le cas de terres agricoles que dans celui de terres consacrées à d'autres usages, comme les zones urbaines où la richesse est plus concentrée par unité de superficie et où les dommages peuvent être durables. Cela permet de réduire le coût global des dommages pour la collectivité et d'améliorer le bien-être social. Les écarts de coûts ne sont pas simplement matériels, ils ont également trait aux biens irremplaçables, tels que les œuvres d'art, aux ensembles architecturaux et aux vies épargnées. Le calcul de l'écart de coût devrait aussi inclure la phase de rétablissement, ce qui peut être substantiel. Sur un plan économique, le stockage temporaire de l'eau sur des zones agricoles peut être considéré comme un moyen d'augmenter l'efficience de l'allocation de l'eau considérée comme un mal public, par analogie avec l'allocation optimale de l'eau dans les situations de pénurie.

L'avantage que peut présenter le stockage des eaux de crue sur les terres agricoles ne devrait pas être vu comme un substitut à l'aménagement du territoire et à la réglementation de l'urbanisation, mais plutôt comme un instrument de gestion supplémentaire dans une boîte à outils globale devant permettre une gestion intégrée des risques d'inondation. La montée du risque d'inondation en milieu urbain est fortement liée à la pression croissante de l'urbanisation, qui s'étend parfois dans des zones où le risque d'inondation est jugé sérieux.

Compte tenu de la priorité accordée aux mesures structurelles pendant la deuxième moitié du XXème siècle, le recours aux plaines inondables a été dans une certaine mesure délaissé jusqu'à une époque récente, sauf dans certains pays. Le développement des zones urbaines dans les pays de l'OCDE peut créer de nouvelles zones exposées à des risques, quelquefois dans des endroits qui, un siècle plus tôt étaient considérés comme des plaines inondables naturelles (environs de la ville de Lyon, par exemple ; voir Combe, 2004). On peut toutefois citer plusieurs exemples de stockage des eaux de crue sur des terres agricoles dans des pays de l'OCDE (voir Erdlenbruch et al., 2009 pour la France). Au Royaume-Uni, par exemple (encadré 3.4), les marais de Beckingham, qui s'étendent sur 900 hectares, ont eu pour fonction de stocker les eaux de crue pendant plus d'un demi-siècle et de réguler le débit du Trent, près de la ville de Gainsborough. Cela réduit l'impact des inondations sur les zones urbaines et contribue à en minimiser le coût économique global. Des infrastructures techniques de pompage et de drainage permettent un contrôle plus précis de la fonction de maîtrise des crues. Les agriculteurs ne sont pas les principaux propriétaires de cette zone, qui appartient pour l'essentiel à l'Environment Agency (Morris et al., 2010). Au Japon, les rizières et les cours d'eau ont pour fonction de stocker temporairement les eaux de pluie et peuvent contribuer à réduire les dégâts causés par des événements extrêmes aux terrains agricoles et résidentiels.

Encadré 3.4. Exemples d'initiatives de gestion intégrée des risques d'inondation aux Pays-Bas et au Royaume-Uni

Pays-Bas

Aux Pays-Bas, le plan Delta pour la gestion de l'eau en agriculture est une initiative de la Fédération néerlandaise des agriculteurs et horticulteurs (LTO Nederland), lancée en étroite collaboration avec les ministères de l'Infrastructure et de l'Environnement et des Affaires économiques, les provinces et le secteur de l'eau potable ; elle vise à relever les défis hydrologiques des prochaines décennies et l'agriculture joue un rôle majeur dans ce contexte. Comme les défis agricoles et hydrologiques dépassent largement les compétences et les moyens financiers des régions, il faut conjuguer structure, intégrité et connectivité. L'initiative couvre les problèmes de quantité et de qualité, mais aussi d'aménagement du territoire afin de faire de la « place à l'eau », grâce notamment i) à un système d'évaluation encourageant une utilisation économique de l'espace et minimisant les pertes de terres agricoles pour d'autres fonctions ; ii) un mécanisme d'indemnisation des agriculteurs dont les terres sont utilisées pour remplir d'autres fonctions ; iii) une optimisation des programmes de gestion avec lesquels les exploitations peuvent fournir des services publics/pour la collectivité. S'agissant de l'aspect quantitatif, l'initiative prévoit notamment une autarcie accrue à l'échelle des exploitations et des régions, grâce à des innovations concernant les économies d'eau dans les exploitations et la conservation de l'eau à l'échelle régionale.

Royaume-Uni

Le rôle des terres agricoles dans la gestion des risques d'inondation est important au Royaume-Uni. Plusieurs initiatives et projets pilotes ont vu le jour, dans lesquels les terres agricoles étaient des composantes essentielles des programmes de gestion des inondations, en liaison avec le programme « Making Space for Water ». On peut citer par exemple le projet pilote récent « Payment for Ecosystem Services », visant à réguler les inondations à Hull. L'objectif était de décrire les services écosystémiques tels qu'ils étaient fournis aux zones urbaines ; d'identifier les améliorations possibles ; et de définir des modes de paiement potentiels pour ces services écosystémiques. Ce programme a donné lieu à deux initiatives pilotes : un programme de paiement des services écosystémiques déployé à l'échelle d'un parc national, ayant pour objet d'atténuer les risques d'inondation dans le nord-ouest du bassin de Hull en aménageant « des zones inondables, des talus, des mares, en remplaçant des routes et des parcs de stationnement perméables et en convertissant des espaces verts en prairies semi-naturelles et en espaces boisés plus variés ». La deuxième est le projet « Beckingham Marshes Washland Creation », qui vise à créer une prairie inondable de 94 hectares afin de mieux atténuer les risques d'inondation encourus par les villes de Gainsborough et de Beckingham, sur le Trent. Les terres agricoles utilisées contribuent à la gestion des risques d'inondation dans cette zone depuis déjà les années 60, mais le projet est aussi destiné à restaurer des habitats naturels

Source : UK Environmental Agency (2010), http://webarchive.nationalarchives.gov.uk/20140328084622/http:/cdn.environment-agency.gov.uk/geho0310bsfi-e-e.pdf; URSUS Consulting (2013), www.google.fr/url?sa=t&rct=j&q=&esrc=s&source=web&cd=1&ved=0ahUKEwjAqobl4tvJAhVMtBoKHXnoC8UQFggcMAA&url=http%3A%2F%2Frandd.defra.gov.uk%2FDocument.aspx%3FDocument%3D11136_FinalreportHullPESPilot130513.pdf&usg=AFQjCNFMCsrXZavhwJ43r31pRcAMueHTiQ&bvm=bv.109910813,d.ZWU

La directive européenne de 2007 relative à l'évaluation et à la gestion des inondations contient explicitement cette dimension de gestion naturelle des risques. En France, des programmes de prévention visent à atténuer le coût des inondations au moyen d'une série d'outils de planification et d'incitations. La possibilité de transférer les risques d'inondation de zones où les dommages seraient potentiellement considérables (zones urbaines et industrielles) vers des zones moins sensibles comme les terres agricoles s'inscrit dans une initiative globale d'atténuation des risques d'inondation (Erdlenbruch et al., 2009). La mise en œuvre de ces plans a soulevé plusieurs questions, y compris la nécessité de définir le risque d'inondation de manière objective et transparente et de prévoir un mécanisme d'indemnisation, ou une assurance, voire les deux, pour dédommager les agriculteurs des pertes économiques entraînées par la submersion de leurs terres.

Quels outils pour favoriser le rôle de l'agriculture dans l'atténuation des risques d'inondation?

Si le rôle des terres agricoles dans la gestion intégrée des risques d'inondation est de plus en plus reconnu dans différents pays de l'OCDE comme une option potentiellement efficiente et moins coûteuse que les mesures structurelles, la question des moyens d'action à employer pour favoriser ce rôle n'est pas encore tranchée. Théoriquement, le rôle joué par les plaines inondables ou l'adoption *ex ante* de certaines pratiques d'aménagement et d'agronomie peut être considéré comme une forme de service écosystémique, qui fait du problème spécifique de l'atténuation des risques d'inondation un des volets d'un débat plus général sur les politiques agroenvironnementales et les services écosystémiques. Toutefois, la situation est un peu plus complexe, car les pays se sont déjà dotés de leurs propres politiques de gestion des risques d'inondation, reflétant une logique et une histoire institutionnelle qui leur sont propres. Il faut donc réfléchir à la cohérence entre les politiques agro-environnementales, qui peuvent inclure des objectifs d'atténuation des risques d'inondation, et les politiques plus générales relatives à ces risques.

Partant du principe que l'atténuation des risques d'inondation par l'agriculture est assimilable à un service écosystémique, la conception des outils de politique agroenvironnementale se heurte à des difficultés similaires à celles rencontrées dans d'autres domaines agroenvironnementaux. Il s'agit notamment de l'asymétrie de l'information entre l'autorité réglementaire et les agriculteurs, de l'incertitude concernant les résultats produits par les mesures prises, et de la nécessité de disposer de données scientifiques pour trouver un bon indicateur reliant pratiques et résultats. Ces défis ont été analysés plus en détail dans l'ouvrage de l'OCDE intitulé « Lignes directrices pour des mesures agroenvironnementales efficaces », qui contient quelques recommandations assez générales pour être applicables à l'atténuation des risques d'inondation (OCDE, 2010b).

Concevoir des incitations à adopter des pratiques agricoles susceptibles de réduire les risques d'inondation est délicat et le principal problème est le manque de données scientifiques sur ces pratiques et leurs résultats. L'incertitude quant à l'efficacité des pratiques n'est évidemment pas souhaitable lorsque l'objectif visé est, par exemple, la protection des oiseaux, mais elle est socialement inacceptable quand il s'agit de risques d'inondation pouvant provoquer d'immenses dommages dans les villes et faire des blessés et des morts. Cela pourrait impliquer que les mesures structurelles sont préférables car, malgré leurs limites et leurs défauts, elles pourraient assurer une plus grande sécurité. Cette question est fondamentalement liée aux particularités de chaque lieu. On imagine mal comment une stratégie gouvernementale favorisant les infrastructures écologiques pourrait réussir et être socialement acceptable sans être raisonnablement en mesure de gérer l'incertitude des résultats.

Ce problème d'incertitude se pose peut-être moins pour les plaines inondables, car elles sont essentiellement tributaires des conditions locales et d'ouvrages d'ingénierie. Il n'existe pas de base de données générales sur l'utilisation des plaines inondables dans les pays de l'OCDE, mais la pratique n'est pas nouvelle et paraît occuper une place de plus en plus importante dans les politiques de gestion des risques d'inondation, par exemple aux États-Unis ou dans l'Union européenne. D'après le document intitulé *OECD Member Country Questionnaire Responses on Agricultural Water Resource Management* (OCDE, 2009), de nombreux pays de l'OCDE ont adopté des incitations économiques en faveur de la rétention et du stockage de l'eau dans les infrastructures d'irrigation (annexe 3A.1, tableau 3.A1.2). Des incitations économiques à la protection des terres humides sont offertes par sept pays membres de l'OCDE, et les mécanismes agroenvironnementaux peuvent inclure une composante de gestion des inondations. En résumé, les mesures d'incitation économique semblent bien représentées, mais, en l'absence d'informations plus détaillées sur leur contenu, il n'est pas possible de les comparer ou d'en tirer des conclusions plus précises.

La diversité dans les pays de l'OCDE pourrait aussi venir du fait que les risques de sécheresse et d'inondation présentent des caractéristiques différentes selon les pays, en termes de fréquence, d'ampleur et de conséquences économiques. Cela peut jouer sur les coûts et les avantages, y compris sur les coûts de mise en œuvre et de transaction, d'un moyen d'action donné. Quand les sécheresses sont relativement rares et limitées, des outils réglementaires simples peuvent suffire. Quand elles sont plus fréquentes et ont un impact considérable, il peut être souhaitable de se tourner vers des outils plus sophistiqués.

S'agissant du rapport coût-efficacité et de la conception des politiques, plusieurs études récentes ont souligné que les mesures de conservation des plaines inondables ou de rétention naturelle de l'eau pouvaient être un moyen d'atténuation des risques d'inondation efficient sur le plan social (au sens économique du terme). Kousky et Walls (2014), par exemple, combinent données et outils de modélisation (modèle d'inondation, données géographiques, etc.) pour étudier la rivière Meramec, dans le comté de Saint-Louis (Missouri), et montrer que les avantages liés à la conservation des plaines inondables, qui incluent les pertes évitées et la valorisation des logements, sont 1,8 fois supérieurs au coût d'opportunité, avec toutefois la réserve que les pertes évitées prises isolément ne suffisent pas à obtenir un rapport coûts-avantages positif. En outre, une étude réalisée il y a peu de temps pour l'Union européenne a estimé le rapport coût-efficacité de différentes mesures de rétention et montre que les pratiques agricoles et les herbages sont sans doute la meilleure solution pour réduire les débits de pointe dans différents pays européens comme la France, l'Espagne, le sud de l'Italie ou la Grèce (Burek et al., 2012).

Les études coût-efficacité semblent montrer que les plaines inondables présentent des avantages économiques, mais aussi qu'elles pourraient être considérées non pas isolément, mais dans le cadre d'un groupe plus large de services écosystémiques. Dans bien des cas, ces plaines n'ont pas uniquement des effets sur les risques d'inondation, elles sont aussi intéressantes en termes de biodiversité et de paysages. Il serait utile de prendre ces aspects en compte dans l'analyse coût-avantages, mais aussi lors de la conception de moyens d'action agroenvironnementaux relatifs à un ensemble de biens environnementaux. Cela pose la question de l'additionnalité des services écosystémiques et du cumul potentiel des paiements au titre de ces services, un sujet auquel l'OCDE s'est intéressée dernièrement, dans le cadre d'études (Lankoski et al., 2015) qui pourraient contribuer à améliorer la formulation des politiques agroenvironnementales, y compris des objectifs d'atténuation des risques d'inondation.

3.3. Politiques d'indemnisation et d'assurance contre les sécheresses et les inondations

Les politiques d'indemnisation sont la dernière catégorie de moyens d'action mobilisables pour faire face aux sécheresses et aux inondations. Elles ont pour objet de dédommager, essentiellement sur le plan financier, les personnes touchées par de tels événements. Nonobstant cet objectif général, les politiques d'indemnisation peuvent prendre des formes très différentes en pratique : des marchés d'assurance privés classiques, où les primes reflètent les risques et où la souscription est facultative, jusqu'aux assurances obligatoires financées par des fonds publics. La quasi-totalité des pays de l'OCDE ont des politiques d'indemnisation pour les sécheresses et les inondations (OECD, 2009).

Comme le soulignait la section précédente, une question générale d'assurabilité se pose. Les risques de sécheresses et d'inondations ont des caractéristiques telles qu'il est difficile de les assurer pour un coût « raisonnable » (volonté de payer largement supérieure à la prime d'assurance). Ces problèmes, conjugués à un réel manque d'outils d'indemnisation, ont conduit bon nombre de pays de l'OCDE à se doter de programmes gouvernementaux pour pallier l'absence de couverture contre ces risques. L'efficience relative des différents programmes des pays de l'OCDE fait l'objet d'un débat très nourri et a été très largement traitée dans une étude de l'OCDE sur la gestion des risques (OCDE, 2011). L'une des conclusions solides de ce travail est qu'il faut distinguer différentes strates de risques, pour lesquelles des instruments spécifiques sont nécessaires. La plupart du temps, les sécheresses et les inondations d'une extrême gravité se classent dans la catégorie des risques catastrophiques et réclament donc une certaine forme d'intervention de l'État.

Les frontières entre les risques « catastrophiques », « assurables » et « normaux » ne sont pas simplement situées dans l'espace délimité par les probabilités, les conséquences et les corrélations spatiales. Il est difficile de définir efficacement la frontière entre risque catastrophique et non catastrophique, alors que le changement climatique tend à accentuer la variabilité des quantités d'eau disponibles (OCDE, 2014). Les frontières deviennent une cible mouvante dans le contexte d'un climat non stationnaire. Dans la pratique, les limites du risque catastrophique sont définies dans une certaine mesure par la politique gouvernementale et ont des répercussions sur l'ajustement structurel et l'adaptation au changement climatique. Ce que font les pouvoirs publics, en particulier les paiements et les indemnités versés après des sécheresses et des inondations, influence les stratégies de gestion des risques conduites par les agriculteurs. Ces derniers peuvent considérer en particulier que la fraction du risque garantie par l'État n'est plus de leur responsabilité. Les politiques gouvernementales tendent à dissuader les stratégies de gestion des risques et d'adaptation, comme la diversification ou l'ajustement structurel des activités agricoles (OCDE, 2011).

D'une gestion ad hoc à une gestion ex ante des risques

Les pays de l'OCDE n'abordent pas tout à fait de la même façon la répartition des risques catastrophiques et inassurables. Des pays comme l'Australie, l'Italie et la Nouvelle-Zélande considèrent que les agriculteurs doivent, dans une certaine mesure, inclure l'ensemble des risques liés à leurs activités professionnelles dans une stratégie intégrée de gestion des risques, y compris les événements météorologiques extrêmes, et ne devraient en principe pas compter sur un soutien de l'État (encadré 3.5). En Australie, les programmes nationaux de lutte contre la sécheresse ont évolué au cours des dernières années pour privilégier la préparation, la gestion du risque, l'autonomie et la résilience. Pendant une vingtaine d'années, les soutiens accordés en cas de sécheresse ont dépendu de la déclaration de « circonstances exceptionnelles » (CE), qui déclenchait des mesures de soutien, telles que l'octroi de subventions, la bonification des taux d'intérêt et le versement de soutiens aux revenus — ainsi que plusieurs programmes de formation et services de conseil. À la suite d'un profond réexamen de la politique nationale mené en 2008 et 2009, l'État australien a estimé que le principe de la déclaration de « circonstances exceptionnelles » n'était plus adapté dans un contexte caractérisé par un climat variable. En 2013, l'Accord intergouvernemental sur la réforme du programme national de lutte contre la sécheresse (Intergovernmental Agreement on National Drought Program Reform – IGA) a été approuvé par l'État fédéral australien, les États de la Fédération et les territoires, sur la base de la politique nationale de lutte contre la sécheresse de 1992. Cet accord vise à aider les agriculteurs à se préparer à faire face à un climat variable, notamment à des épisodes de sécheresse, et à gérer ces derniers en adoptant des méthodes d'autoassistance pour gérer leurs risques commerciaux plutôt que d'attendre que ces derniers soient en situation de crise pour leur prêter assistance. L'IGA met l'accent sur cinq éléments principaux : i) les paiements de soutien aux revenus des agriculteurs et de leur partenaire en situation difficile (pas nécessairement due à une sécheresse), ii) le maintien de mesures d'allégement de la fiscalité et de l'accès au système de dépôts de gestion agricole (Farm Management Deposits Scheme) qui permet aux agriculteurs de mettre de l'argent de côté les années fastes pour pouvoir l'utiliser les années durant lesquelles ils ont des revenus moins élevés), iii) une approche nationale de la formation sur l'entreprise agricole, iv) une démarche coordonnée et collaborative de la fourniture de services de soutien social, et v) des outils et des technologies pour aider les agriculteurs à prendre des décisions.

En Australie, la sécheresse est considérée comme un problème important pour la croissance durable de la productivité agricole. L'État australien a entrepris d'examiner une nouvelle politique de lutte contre la sécheresse pour déterminer dans quelle mesure les directives actuelles de préparation aux sécheresses et d'appui en cas de sécheresse étaient encore adéquates, dans le cadre de l'élaboration du livre blanc sur la compétitivité agricole (Agricultural Competitiveness White Paper).

Jusqu'à une période récente, la France avait tendance à considérer que ces événements catastrophiques, par nature imprévisibles, devaient relever de la solidarité nationale plutôt que faire partie intégrante de la gestion des risques. Néanmoins, au milieu des années 2000, la France a entrepris de réformer en profondeur son système d'assurance agricole (Mortemousque, 2007). Avant 2005, seul le risque de grêle était couvert par les assurances privées et pouvait, éventuellement, bénéficier d'un soutien limité de l'État. Le Fonds national de garantie des calamités agricoles (devenu le Fonds national de garantie des risques en agriculture) couvrait les risques jugés inassurables, dont les sécheresses et les inondations. Le Fonds est financé par les agriculteurs et, si nécessaire, par l'État. La décision d'indemnisation est conditionnée à la déclaration officielle de l'état de catastrophe agricole (Babusiaux, 2000). Depuis 2005, les marchés de l'assurance proposent des contrats multirisques, couvrant notamment la sécheresse pour les cultures céréalières, et des contrats multirisques privés sont subventionnés par l'État et l'Union européenne, à concurrence de 65 % des primes. Des expériences sont également en cours pour mettre au point un instrument indexé sur les conditions météorologiques pour les prairies. Les risques pour lesquels le marché assurantiel est déjà suffisamment développé ne sont pas couverts par ce Fonds.

Les frontières sont difficiles à tracer, car la conception optimale dépend des coûts de transaction relatifs de différents dispositifs institutionnels liés aux hydrosystèmes. D'une certaine manière, les frontières ne sont pas qu'une question de probabilités : elles sont aussi intrinsèquement définies par les coûts de transaction des différents instruments. Ces frontières peuvent varier en fonction des investissements d'infrastructure et des différentes modalités organisationnelles et institutionnelles propre à chaque instrument.

Conscients de la supériorité formelle des démarches ex ante fondées sur les principes de gestion des risques, notamment parce qu'elles garantissent une meilleure visibilité aux agriculteurs que les programmes d'indemnisation ad hoc, de nombreux pays de l'OCDE ont établi des partenariats public-privé pour créer des systèmes d'assurance agricole qui, la plupart du temps, prévoient différentes formes de soutien financier : subventionnement des primes (Espagne, France, États-Unis), programmes de partage des coûts administratifs ou réassureurs publics en dernier ressort (Espagne, États-Unis). Bien qu'il existe des différences notables entre les pays de l'OCDE en matière d'assurances agricoles, l'idée de base est que, si ces programmes d'indemnisation ne peuvent exister sans subventionnement, il est préférable de les subventionner ex ante. Cette logique appelle deux réserves majeures.

Encadré 3.5. Indemnisation des pertes liées aux risques météorologiques dans le secteur agricole néo-zélandais

En Nouvelle-Zélande, les systèmes d'élevage pastoral sont très sensibles à divers phénomènes climatiques. Les deux plus grosses inondations ou tempêtes qu'ait connues le pays était le cyclone Bola (1998) et les inondations au sud de l'île du Nord (2004). En 2013, de nombreuses régions de Nouvelle-Zélande ont subi leur pire sécheresse en 40 ans (île du Nord et une partie de la côte ouest de l'île du Sud). D'après les estimations, cet épisode a coûté 2 milliards NZD et amputé de 0,7 % le PIB de 2013. Les propriétaires fonciers ont réagi en modifiant leurs pratiques de gestion des exploitations (recours accru aux compléments de fourrage et aux variétés de prairies et de cultures plus résistantes à la sécheresse). La question du changement climatique est prise de plus en plus au sérieux et l'on prévoit que des superficies de terres agricoles plus vastes seront concernées par les sécheresses et les inondations, même dans les régions qui y sont peu sujettes actuellement.

En Nouvelle-Zélande, l'élaboration et la mise en œuvre des politiques encourage les agriculteurs et les propriétaires terriens à se charger eux-mêmes de gérer et d'atténuer ces risques menaçant leur activité. Les politiques sont modulées de sorte que toute aide directe de l'État n'est accordée que si l'échelle et l'impact des phénomènes ne sont raisonnablement pas gérables ou atténuables par les agriculteurs eux-mêmes.

L'État néo-zélandais ne participe pas financièrement à l'assurance contre les risques climatiques dans le secteur agricole. Néanmoins, la loi prévoit une couverture mutuelle, en vertu du Farmers' Mutual Group Act. En outre, le Ministère des Revenus a créé un système de péréquation permettant aux agriculteurs (contribuables) de lisser les fluctuations de leurs revenus en étalant leur revenu brut sur plus d'un exercice : si un phénomène défavorable se produit, ils peuvent reporter sur l'exercice suivant les recettes liées à la vente forcée de leur bétail.

La New Zealand Primary Sector Adverse Events Policy définit les responsabilités des individus, des collectivités et de l'État et établit une classification progressive des événements en fonction de leur impact et de la zone touchée (localisé, envergure moyenne/majeure). En cas d'événement d'envergure majeure, une mesure spéciale de rétablissement peut être promulguée, visant à restaurer exclusivement des actifs non assurables : infrastructures non assurables, évacuation des boues et des débris non assurable, prairies non assurables, cultures et plantations forestières (hors glissements de terrain). Le taux de remboursement est plafonné à 50 %. Les actifs assurables ne sont pas couverts et les mesures de rétablissement incombent au premier chef aux personnes concernées.

L'État néo-zélandais peut aussi apporter une aide financière aux coopératives rurales de soutien (Rural Support Trusts) après un phénomène météorologique défavorable d'envergure moyenne ou majeure ou une catastrophe naturelle. Le réseau national formé par les coopératives rurales de soutien aide les populations rurales et leurs familles pendant et après des phénomènes météorologiques ou environnementaux extrêmes ayant une incidence sur leurs moyens d'existence (élevage pastoral, sylviculture, horticulture, autres activités agricoles, etc.). Bon nombre de ces coopératives proposent leurs services dans les périodes de conjoncture difficile.

Source : ministère néo-zélandais des Industries primaires, www.mpi.govt.nz (2014).

Premièrement, quand le prix des assurances-récolte est subventionné, il ne reflète qu'une fraction du risque et peut donc influencer les choix de production des agriculteurs et leur exposition aux risques. Par rapport à une situation où il n'y a ni subventions ni marché assurantiel, le subventionnement des assurances-récolte peut sensiblement doper la demande d'intrants augmentant les risques (engrais, par exemple) et peser sur la demande d'intrants réduisant les risques (pesticides, par exemple). Les subventions peuvent aussi influer sur la rotation des cultures, avec des effets induits sur les résultats environnementaux comme les émissions de gaz à effet de serre. Elles peuvent aussi inciter les agriculteurs à étendre leurs cultures à des terres marginales, au risque d'accroître leur vulnérabilité à la sécheresse (Claassen et al., 2011). Dans plusieurs pays de l'OCDE, les aides versées aux assurances-récolte constituent une forte incitation à contracter une police d'assurance, au-delà de la réduction du coût du risque. Si une aide gouvernementale quelconque est nécessaire, son niveau devrait être limité pour ne pas doper artificiellement la demande d'assurance au-delà du principal objectif visé par l'intervention de l'État, c'est-à-dire favoriser une allocation plus efficiente des risques dans l'économie.

Deuxièmement, dans la pratique, il peut arriver que les programmes d'assurance-récolte ex ante ne puissent pas évincer les programmes d'indemnisation ad hoc mis en œuvre ex post. On l'a observé aux États-Unis, par exemple, où l'offre d'assurance-récolte subventionnée coexiste avec la possibilité de promulguer un décret reconnaissant l'état de catastrophe (bien qu'aucun décret de ce type n'ait été adopté au titre des sécheresses qui ont frappé le centre des États-Unis en 2012 ou la Californie en 2013) ou, plus récemment, en Australie, lorsque les taux d'intérêt ont été bonifiés à la suite de sécheresses particulièrement sévères. Il s'agit fondamentalement d'un problème de cohérence temporelle, qui tient à l'absence d'une réelle détermination à ne pas dédommager les agriculteurs une fois que la situation s'est concrétisée et que les conséquences de la sécheresse semblent assez graves pour menacer la poursuite des opérations agricoles. Les démarches ex ante, fondées sur le subventionnement des assurances-récolte, étaient considérées comme une solution rationnelle à ce manque d'engagement, mais les preuves fortuites paraissent indiquer que le problème serait plus complexe. Globalement, on peut considérer que le défi de l'assurance-récolte ne se résume pas à une répartition des risques, mais se trouve plutôt au carrefour de la gestion des risques, de la théorie de l'organisation industrielle (Tirole, 1988) et de l'économie politique.

La gestion des risques peut aussi s'appuyer sur des outils financiers visant à constituer une épargne de précaution, par le biais de mécanismes individuels ou mutualisés. L'épargne de précaution correspond à l'épargne supplémentaire que se constitue un agent économique pour parer un risque donné dans le futur. Quand les assurances proposées sur le marché sont trop chères, l'épargne de précaution peut devenir un outil de gestion des risques à moindre coût. Elle permet également de gérer tous les risques, quelle qu'en soit l'origine : météorologie, marchés, accidents, etc. Bien sûr, cette démarche peut être problématique à certains égards : l'incertitude demeure concernant l'évaluation des risques et il peut être difficile, voire impossible, à quelqu'un se trouvant dans une situation financière délicate de se constituer une épargne de précaution. Plusieurs pays de l'OCDE ont encouragé cette épargne comme outil de gestion des risques, notamment le Canada et la France. L'expérience de ces deux pays semble montrer que les agriculteurs optent assez peu pour ce genre d'outils, à moins de bénéficier d'incitations supplémentaires (subventions, etc.). Dans certains cas, les programmes d'épargne de précaution ont également été utilisés à d'autres fins, pour la retraite par exemple. On ne dispose pas de données systématiques sur le recours des agriculteurs des pays de l'OCDE à l'épargne de précaution ni sur les aides accordées par l'État dans ce domaine. Néanmoins, sur le plan de l'économie publique, il n'y a guère d'arguments justifiant que l'État intervienne dans cette matière, si ce n'est pour sensibiliser et former les agriculteurs.

La mutualisation de l'épargne de précaution entre agriculteurs ou entre régions peut passer par la création de fonds communs de placement versant des indemnités après une intempérie, à concurrence des montants disponibles. Même si l'indemnisation peut être inférieure aux pertes effectives des agriculteurs, elle peut être un outil d'épargne de précaution avantageux si les coûts administratifs y afférents sont moindres que ceux de produits d'assurance plus complexes. Toutefois, cette solution peut conduire à un subventionnement croisé entre agriculteurs si le calcul des cotisations de chacun ne respecte pas le principe de tarification actuarielle. Le système risque alors d'être instable et il peut falloir le rendre obligatoire, comme en France, dans le cas du Fonds national de garantie des risques agricoles (FNGRA).

Il n'y a pas d'évaluation des effets respectifs des systèmes existants de mutualisation de l'épargne de précaution et des marchés assurantiels privés subventionnés sur la propension réelle des agriculteurs à prendre plus de risques, que ce soit dans leurs investissements ou leurs choix de production. Pour établir un tel comparatif, il faudrait disposer d'informations sur les incitations qui sont produites par chaque système et peuvent influencer les décisions des agriculteurs.

Possibilités de pallier les lacunes du marché de l'assurance contre les sécheresses et les inondations

S'agissant des politiques d'indemnisation, le risque d'inondation est généralement couvert par les assurances-récolte, au même titre que d'autres risques susceptibles de réduire les rendements. Assurer les agriculteurs contre l'inondation présente un certain nombre de difficultés, comme la détermination des pertes provoquées par les inondations ; la quantification et la garantie des risques d'inondation et les défis financiers liés aux transferts des risques et à la réassurance, ainsi que les problèmes peut-être plus graves d'aléa moral et d'antisélection (Banque mondiale, 2010). Les pertes à long terme consécutives à l'interruption des activités et à la dégradation des sols, qui peut diminuer leur productivité à moyen terme, sont difficiles à inclure dans un régime d'assurance. Néanmoins, l'établissement de polices d'assurance pourrait permettre d'améliorer la couverture dont bénéficient les agriculteurs en cas d'inondation.

S'agissant de l'assurance sécheresse, un nombre déjà assez important d'expériences pilotes concernant des assurances indicielles sont en cours. Ces régimes prévoient que l'indemnisation est déclenchée quand une variable météorologique donnée (précipitations, température, etc.) atteint une certaine valeur, et non par la perte réelle de l'exploitant agricole. Les avantages et inconvénients potentiels de ces régimes ont été amplement débattus. La principale conclusion est qu'ils sont réputés moins chers à mettre en œuvre (moindres coûts de surveillance et de contrôle, moindre aléa moral), mais présentent l'inconvénient de n'assurer qu'un substitut imparfait aux pertes réelles (laissant ainsi le « risque de base » à l'agriculteur). La plupart de ces expériences se déroulent dans des pays en développement, notamment parce que l'efficacité rapportée au coût y est potentiellement supérieure. Les pays de l'OCDE peuvent certainement se servir de ces études de cas pour voir si ces dispositifs indiciels ne pourraient pas être intégrés à leurs programmes d'assurance agricole. De tels outils pourraient aussi faciliter l'essor de la réassurance privée contre des risques spatialement corrélés, ce qui est indispensable pour assurer l'inassurable à un coût abordable pour les agriculteurs.

Les innovations utilisant l'imagerie satellite permettraient peut-être aussi d'améliorer la couverture des pâtures contre la sécheresse. Les pâtures représentent en moyenne 67 % du total des terres agricoles dans l'OCDE et développer l'assurance fourrage pourrait donner au secteur un supplément de valeur ajoutée utile. En France, une compagnie privée, Pacifica, propose depuis 2011 une assurance fourrage en coopération avec Astrium, une filiale à 100 % du groupe Airbus, le numéro un du satellite en Europe, et le laboratoire de télédétection de l'école d'ingénieurs toulousaine de Purpan.

3.4. Stratégies respectives de l'Australie, du Canada, de l'Espagne, de la France et du Royaume-Uni pour faire face aux sécheresses et aux inondations

L'objet de cette section est de présenter et d'analyser les principales similitudes et différences entre les stratégies choisies par les pouvoirs publics dans cinq pays de l'OCDE (Australie, Canada, Espagne, France et Royaume-Uni) pour faire face aux sécheresses et aux inondations. La comparaison se fonde sur un examen effectué par l'OCDE et souligne les leçons que l'on pourrait en tirer pour l'action publique. Les principales conclusions de cet exercice comparatif, essentiellement qualitatif, sont résumées ci-après. Les tableaux synoptiques présentés à l'annexe 3.A2 du rapport permettent de comparer les principaux éléments et caractéristiques des politiques de lutte contre la sécheresse et l'inondation dans le secteur agricole des cinq pays, en considérant leurs composantes : politiques d'atténuation et de prévention des risques à long terme, politiques de gestion de l'eau à court terme et politiques d'indemnisation. Ces tableaux apportent aussi des informations sur les choix nationaux relatifs aux seuils et aux tranches de risques de sécheresse et d'inondation.

Politiques de lutte contre la sécheresse : avantages des instruments fondés sur le marché

Malgré des conditions climatiques très différentes, les politiques d'atténuation des risques de sécheresse en Australie, au Canada, en Espagne, en France et au Royaume-Uni présentent certaines similitudes. Premièrement, les cinq pays contrôlent l'utilisation de l'eau par les agriculteurs, s'appuyant sur des mécanismes réglementaires pour restreindre les droits d'usage, et recourent à des mécanismes d'allocation centralisés en période de pénurie.

Une utilisation techniquement plus rationnelle de l'eau d'irrigation à tous les niveaux des hydrosystèmes fait partie des grands objectifs actuellement visés dans ces cinq pays. En outre, des mécanismes de tarification ont été instaurés partout, mais les prix permettent rarement de recouvrer intégralement les coûts. Ce n'est pas propre aux pays en question, mais plutôt courant dans la zone OCDE. Certaines sociétés françaises de gestion des eaux d'irrigation ont mis au point des méthodes de tarification de l'eau basée sur le montant de l'abonnement avant la campagne agricole. Ces systèmes de tarification permettent d'établir des projections de la demande et donc de mieux gérer les sécheresses. En Espagne, les redevances sur l'eau varient très sensiblement selon les bassins et même les districts hydrographiques. L'énergie requise pour utiliser l'eau est devenue un élément dissuasif majeur pour plus de la moitié des surfaces irriguées (utilisation de l'eau souterraine ou systèmes d'irrigation modernisés).

Les cinq pays étudiés se sont dotés de systèmes de surveillance et d'outils d'information sophistiqués. Certains sont plus spécialement conçus pour le secteur agricole, témoignant de l'intérêt de ces informations pour les agriculteurs, et visent à adapter les plans de production pendant la période de croissance pour atténuer l'impact des sécheresses sur les systèmes de production.

L'Australie, le Canada, l'Espagne, la France et le Royaume-Uni font la distinction entre situation normale et situation de « crise » et se servent d'échelles de gravité et de risques, plutôt que d'une méthode binaire, et appliquent différentes mesures selon le scénario. Aucun de ces cinq pays n'a tracé de frontière unique entre ce qui est normal et ce qui est critique. Ils ont préféré définir une série de valeurs ou de seuils, avec différents degrés de gravité. Leurs politiques respectives sont mises en œuvre sur cette base, en respectant les principes de la planification d'urgence. Les gouvernements conservent une marge de manœuvre substantielle pour faire face aux situations extrêmes. L'ensemble des ressources en eau appartient au domaine public et les usagers sont systématiquement soumis à des mesures contraignantes et des critères d'allocation imposés par l'État.

Ces pays utilisent de manière sensiblement différente les marchés de l'eau comme outils de gestion du risque de sécheresse :

- Le Canada, l'Espagne et l'Australie autorisent les échanges d'eau volontaires entre usagers, mais l'Australie est plus clairement déterminée à faire en sorte que les marchés de l'eau soient plus liquides, actifs et efficients.
- Au Royaume-Uni, les échanges de droits de prélèvement sont possibles, mais ils ne sont ni simples ni rapides. En raison du délai d'approbation, les échanges à court terme sont généralement impossibles si l'on suit les procédures ordinaires.
- La France conduit actuellement une réforme qui permettra de décentraliser la gestion des droits sur l'eau et de la confier à des organisations d'agriculteurs, mais il est pour l'heure impossible d'échanger des droits sur l'eau, à court ou à long terme.

La distinction claire que l'Australie établit entre droits d'usage de l'eau et volumes d'eau alloués (les deux étant échangeables) garantit que l'allocation de l'eau est plus orientée par le marché et plus flexible. Les marchés de l'eau jouent un rôle crucial en période de sécheresse. En Espagne, le marché de l'eau est plus fortement réglementé et moins actif. Cependant, des organismes collectifs et publics sont en mesure de réagir avec rapidité, initiative et efficacité, comme les agences de bassins françaises et leurs équivalents espagnols, pour réduire les contingents alloués. Dans ce domaine, les comparaisons entre pays semblent montrer qu'il est possible d'accroître l'efficience en adoptant une démarche plus flexible et axée sur les mécanismes de marché pour gérer la rareté de l'eau et les pénuries consécutives aux sécheresses. Pour effectuer une comparaison juste, il faudrait toutefois procéder à une analyse coût-avantages en bonne et due forme, adaptée à chaque contexte national, ce qui sort du cadre du présent rapport.

Un autre domaine où l'on peut observer des différences notables est celui des politiques d'indemnisation et d'assurance contre les sécheresses. Le Canada a des instruments de gestion des risques permettant d'indemniser les agriculteurs dont les marges ont souffert, en fonction de leurs antécédents et quelle que soit la cause, y compris pour les pertes de récolte dues à la sécheresse (par exemple AgriInvest et AgriStability). Le programme AgriInsurance offre également une assurance-récolte multirisque, qui dédommage les agriculteurs de la baisse des rendements dus à la sécheresse. La France subventionne depuis une dizaine d'années un système d'assurance (assurance-récolte multirisque) qui indemnise les agriculteurs des pertes associées aux baisses de rendement dues à différents phénomènes climatiques, notamment les sécheresses. Quand elle existe dans certains pays, l'assurance fournit des moyens de partager et de transférer les risques de sécheresse, mais uniquement aux agriculteurs dépendants des précipitations (agriculture pluviale). Aucune n'indemnise les pénuries d'eau. Les différences constatées ne s'expliquent pas uniquement par les conditions climatiques (sécheresses plus fréquentes en Australie, par exemple). Il est reconnu que les risques de sécheresse sont difficiles à assurer du fait d'une combinaison complexe de défaillances du marché. Par conséquent, les pays peuvent avoir des démarches différentes en fonction de leur histoire institutionnelle, ainsi que des objectifs différents en termes d'indemnisation des agriculteurs. La comparaison montre au moins que les pouvoirs publics devraient être prudents, s'appuyer sur une analyse coût-avantages rigoureuse et se préoccuper du bien-être social. L'évaluation récente des possibilités de développer l'assurance-récolte en Australie illustre de manière intéressante ce type de démarche, fondée sur l'analyse économique.

Au Canada, en France et, dans une certaine mesure, en Australie, les agriculteurs disposent d'instruments permettant d'étaler leurs recettes dans le temps, ce qui fait partie des outils de gestion des risques. Néanmoins, la conception, le choix des mesures et le degré de soutien de l'État à ces instruments de lissage varient énormément d'un pays à l'autre : outils pour la constitution d'une épargne de précaution (ex ante) en vue de gérer les risques (Canada, France) ; systèmes de lissage de l'impôt sur le revenu, subventionnés ou pas (Australie, Canada, France) ; ou bonification d'intérêts *ex post* pour que les exploitations puissent se refinancer après une catastrophe naturelle (Australie, France). La cohérence globale entre les instruments de lissage et les instruments d'assurance et d'indemnisation est relativement difficile à évaluer dans les cinq pays.

Politiques de lutte contre les inondations : la cartographie des terres agricoles peut rendre l'atténuation des risques d'inondation plus efficace par rapport à son coût

Les inondations se caractérisent par leur soudaineté, mais peuvent aussi être prédites et anticipées. Cette particularité tend parfois à empêcher la différenciation entre politiques de crise et politiques de rétablissement. Établir une cartographie précise des risques d'inondation est un préalable à la formulation de politiques de lutte contre ce risque. En Australie, au Canada, en Espagne, en France et au Royaume-Uni, différents instruments de zonage ont été mis en place pour délimiter les zones à risque. En outre, des outils d'information et de surveillance fournissent des informations sur le niveau des cours d'eau, la rapidité des débits et les probabilités de crues. La stratification des risques est clairement définie dans ces cinq pays. Les systèmes de surveillance fournissent des informations sur le niveau des précipitations et des cours d'eau, qui déclenchent les mesures de gestion des risques qui s'imposent.

L'utilisation des terres agricoles est un élément crucial de la gestion des inondations et de la protection contre ces phénomènes. Son rôle sera encore plus important dans les prochaines décennies, où la fréquence et la gravité des inondations pourraient augmenter. Le rôle relatif des terres agricoles dans l'atténuation des inondations et leur utilisation comme plaines inondables varie considérablement selon le pays considéré. Globalement, toutefois, les terres agricoles sont, à des degrés divers, déjà prises en compte dans le cadre de prévention générale des risques d'inondation, qui se fonde sur le principe d'une gestion intégrée à l'échelle la plus indiquée, c'est-à-dire le bassin hydrographique. Il est difficile d'isoler des éléments spécifiquement liés aux terres agricoles. Certains pays comme la France ou le Royaume-Uni s'intéressent toutefois de plus en plus au rôle particulier que peut jouer l'agriculture en contribuant à atténuer les risques d'inondation de manière efficace par rapport aux coûts, dans une démarche privilégiant les infrastructures écologiques. Les instruments de l'action gouvernementale peuvent ne pas se résumer à des obligations réglementaires et à la cartographie, mais inclure aussi des incitations (rémunération des services écosystémiques), éventuellement couplées à d'autres services écosystémiques, de façon à ce que l'utilisation des terres génère le plus de bénéfices sociaux possibles à l'échelle territoriale pertinente.

Dans certains pays, le secteur de l'assurance s'est montré réticent à proposer des couvertures contre les risques d'inondation. En Australie, par exemple, l'assurance-récolte multirisque a été envisagée. Au Royaume-Uni, l'assurance-récolte contre les risques météorologiques est limitée. En Espagne, les agriculteurs peuvent s'assurer contre l'inondation, dans le respect de certaines conditions réglementaires. L'Australie, l'Espagne et la France indemnisent les agriculteurs pour la perte de biens inassurables, c'est-à-dire des risques qui ne sont pas couverts par les marchés privés des assurances. L'Espagne exige cependant que les agriculteurs indemnisés pour des dégâts non assurés aient auparavant souscrit un contrat d'assurance de base. En France, les dommages aux récoltes qui sont assurables ne sont pas indemnisés. En Australie, au Canada, en Espagne, en France et au Royaume-Uni, les agriculteurs victimes d'inondations reçoivent des paiements ad hoc.

Notes

1. Dans le cadre du programme de rétablissement de l'équilibre dans le bassin du Murray-Darling (« Restoring the Balance »), l'État australien peut acheter aux agriculteurs des droits sur l'eau pour les redistribuer en fonction des besoins environnementaux.
2. Le site www.nwrm.eu fournit des informations sur la politique de l'Union européenne en matière de rétention d'eau naturelle.
3. http://ec.europa.eu/environment/water/flood_risk/pdf/Better%20Environmental%20Options%20for%20Flood%20risk%20management%20ANNEXE.pdf.

Références

Ansar, A., B. Flyvbjerg, A. Budzier et D. Lunn (2014), « Should we build more large dams? The actual costs of hydropower megaproject development », *Energy Policy,* Vol. 69, pp. 43-56.

Babusiaux, C. (2000), *L'assurance récolte et la protection contre les risques en agriculture*, Ministère de l'Agriculture et de la Pêche, Ministère de l'Économie, des Finances et de l'Industrie, Paris. http://archives.agriculture.gouv.fr/publications/rapports/l-assurance-recolte-et-la-protection-contre-les-risques-en-agriculture/downloadFile/FichierAttache_1_f0/rapportbabuziaux-0.pdf

Banque mondiale (2010), « Assessment of Innovative Approaches for Flood Risk Management and Financing in Agriculture », *Agriculture and Rural Development Discussion Paper N°46*, Washington, DC.

Brauman, K.A., S. Siebert et J.A. Foley (2013), « Improvements in crop water productivity increase water sustainability and food security—a global analysis », *Environmental Research Letters*, N°8 024030.

Burek P., S. Mubareka, R. Rojas, A. de Roo, A. Bianchi, C. Baranzelli, C. Lavalle, I. Vandecasteele (2012), *Evaluation of the effectiveness of Natural Water Retention Measures*, JRC Scientific and Policy Report, Union européenne, Bruxelles.

Claassen, R., F. Carriazo, J.C. Cooper, D. Hellerstein et K. Udea (2011), « Grassland to Cropland Conversion in the Northern Plains: The Role of Crop Insurance, Commodity, and Disaster Programs », ERR-120, U.S. Department of Agriculture, Economic Research Service.

Combe, C. (2004), « Le risque d'inondation à l'amont de Lyon: héritages et réalités contemporaines », *Géocarrefour* Vol. 79, N°1, pp. 63-73.

Commission européenne (2013), « Infrastructure verte – Renforcer le capital naturel de l'Europe », COM(2013)249final, Bruxelles.

Commission européenne (2012), « Plan d'action pour la sauvegarde des ressources en eau de l'Europe », COM(2012)673final, Commission européenne, Bruxelles.

Commission européenne (2011), Towards Better Environmental Options for Flood Risks Management, Commission européenne, Bruxelles, http://ec.europa.eu/environment/water/flood_risk/better_options.htm.

Commission européenne (2010), Report on « dams and floods in Europe. Role of dams in flood mitigation », Commission européenne, Group on Dams and Floods, Luxembourg.

Commission européenne (2007a), « Drought management plan report: Including Agricultural, Drought Indicators and Climate Change Aspects », Commission européenne, Water Scarcity and Drought Expert Network, Luxembourg, http://ec.europa.eu/environment/water/quantity/pdf/dmp_report.pdf.

Commission européenne (2007b), Mediterranean water scarcity and drought report. Technical report on water scarcity and drought management in the Mediterranean and the Water Framework Directive, Technical Report - 009 – 2007, Mediterranean Water Scarcity and Drought Working Group, www.emwis.net/topics/WaterScarcity/PDF/MedWSD_FINAL_Edition.

Commission européenne (2007c), Communication de la Commission au Parlement européen et au Conseil, « Faire face aux problèmes de rareté de la ressource en eau et de sécheresse dans l'Union européenne », Bruxelles, 18.07.07, COM(2007)414 final.

Duflo, E., et R. Pande (2007), « Dams », *The Quarterly Journal of Economics*, Issue 122, No.°2, pp. 601-646.

Erdlenbruch, K., et al. (2009), « Risk-sharing policies in the context of the French Flood Prevention Action Programmes », *Journal of Environmental Management*, Volume 91, Issue 2, pp. 363-369.

Environment Agency (2007), *R&D Update review of the impact of land use and management on flooding*. Environment Agency, Londres.

FAO (2008), « Coping with Water Scarcity: an Action Framework for Agriculture and Food Security », *FAO Water Reports* N°38, FAO Publishing, Rome.

Foudi S. (2013), *Flood risk management: what are the main drivers of prevention?*, Policy Briefing 02-2013, Basque Centre For Climate Change, Bilbao, www.researchgate.net/publication/271514790_Flood_risk_management_what_are_the_main_drivers_of_prevention.

Gómez, C.M., et C.D. Pérez-Blanco (2014), « Simple Myths and Basic Maths About Greening Irrigation », *Water Resources Management*, Vol. 16 No, pp. 4035-4044.

Hoekstra A.Y., A.K. Mekonnen, M.M. Chapagain, R.E. Mathews, B.D. Richter (2012), « Global Monthly Water Scarcity: Blue Water Footprints versus Blue Water Availability » *PLoS ONE,* Vol. 7(2).

Howitt, R.E., J. Medellin-Azuara, D. MacEwan, J.R. Lund et D.A. Sumner (2014), *Economic Analysis of the 2014 Drought for California Agriculture*, Center for Watershed Sciences, University of California, Davis, Californie.

Jensen, C.R., J.E. Ørum, S.M. Pedersen, et al. (2014), « A Short Overview of Measures for Securing Water Resources », *Journal of Agronomy and Crop Science*, Vol. 200(5), pp. 333-343.

Kenyon W., G. Hill et P. Shannon (2008), « Scoping the role of agriculture in sustainable flood management », *Land Use Policy*, Vol. 25, pp. 351-360.

Kirby, M., R. Bark, J. Connor, M.E. Qureshi et S. Keyworth (2014), « Sustainable irrigation: How did irrigated agriculture in Australia's Murray–Darling Basin adapt in the Millennium Drought? » *Agricultural Water Management*, In Press.

Kydland, F.E., et E.C. Prescott. (1977), « Rules rather than discretion: The inconsistency of optimal plans », *The Journal of Political Economy*, Vol. 85 pp. 473-491, www.jstor.org/stable/1830193.

Lankoski, J., et al. (2015), « Environmental Co-benefits and Stacking in Environmental Markets », *Documents de l'OCDE sur l'alimentation, l'agriculture et les pêcheries, n° 72,* Éditions OCDE, Paris. http://dx.doi.org/10.1787/5js6g5khdvhj-en

Lefebvre, M., et S. Thoyer (2012), *Risque sécheresse et gestion de l'eau agricole en France*, Laboratoire montpelliérain d'Économie théorique et apliquée, Études et Synthèses, Montpellier.

Levido, L., D. Zaccaria, R. Maia, E. Vivas, M. Todorovic et A. Scardigno (2014), « Improving water-efficient irrigation: Prospects and difficulties of innovative practices », *Agricultural Water Management*, Vol. 146, pp. 84-94.

Linnerooth-Bayer, J., A. Dubel, J. Damurski, D. Schroeter, J. Sendzimir (2013), « Climate change mainstreaming in agriculture: Natural water retention measures for flood and drought risk management », *Policy Update* No. 7, FP7 RESPONSES Project - European Responses to Climate Change, Bruxelles.

Mallawaarachchi, T., et A. Foster (2009), « Dealing with irrigation drought: the role of water trading in adapting to water shortages in 2007-08 in the southern Murray-Darling Basin », Report prepared for the Australian Government Department of the Environment, Water, Heritage and the Arts (DEWHA), Australian Bureau of Agricultural and Resource Economics.

Morris, J., T. Hess et H. Posthumus (2010), « Agriculture's Role in Flood Adaptation and Mitigation: Policy Issues and Approaches », publié dans OCDE, *Gestion durable des ressources en eau dans le secteur agricole*, Éditions OCDE, Paris. http://dx.doi.org/10.1787/9789264083592-9-fr .

Mortemousque, D. (2007), *Une nouvelle étape pour la diffusion de l'assurance récolte*, Ministère de l'Agriculture et de la Pêche, Paris.

O'Connell, E., J. Ewen, G. O'Donnell et P. Quinn (2007), Is there a link between agricultural land-use management and flooding?, *Hydrology & Earth System Sciences*, Vol. 11(1), pp. 96-107.

OCDE (2015a), *Water Resources Allocation: Sharing Risks and Opportunities*, Éditions OCDE, Paris. http://dx.doi.org/10.1787/9789264229631-en

OCDE (2015b), *Drying Wells, Rising Stakes: Towards Sustainable Agricultural Groundwater Use*, Études de l'OCDE sur l'eau, Éditions OCDE, Paris. http://dx.doi.org/10.1787/9789264238701-en.

OCDE (2014), *Changement climatique, eau et agriculture : Vers des systèmes résilients*, Études de l'OCDE sur l'eau, Éditions OCDE, Paris. http://dx.doi.org/10.1787/9789264235076-fr.

OCDE (2013), *Panorama de l'environnement 2013 : Les indicateurs de l'OCDE*, Éditions OCDE, Paris. http://dx.doi.org/10.1787/9789264221802-fr.

OCDE (2011), *Gestion des risques en agriculture : Évaluation et conception des politiques*, Éditions OCDE, Paris. http://dx.doi.org/10.1787/9789264174795-fr

OCDE (2010a), *Gestion durable des ressources en eau dans le secteur agricole*, Études de l'OCDE sur l'eau, Éditions OCDE, Paris. http://dx.doi.org/10.1787/9789264083592-fr.

OCDE (2010b), *Lignes directrices pour des mesures agroenvironnementales efficaces,* Éditions OCDE, Paris, http://dx.doi.org/10.1787/9789264086999-fr .

OCDE (2009), *OECD Member Country Questionnaire Responses on Agricultural Water Resource Management*, OCDE, Paris, www.oecd.org/agriculture/44763686.pdf.

OCDE (2006), *Analyse coûts-bénéfices et environnement : Développements récents,* Éditions OCDE, Paris, http://dx.doi.org/10.1787/9789264010079-fr .

Organisation météorologique mondiale (2009), Gestion intégrée des crues : Document de fond, OMM.

Pattison, I., et S.N. Lane (2011), « The link between land-use management and fluvial floodrisk: A chaotic conception? », *Progress in Physical Geography*, Vol. 36(1), pp. 72–92.

Pereira, L.S., I. Cordery et I. Iacovides (2012), « Improved indicators of water use performance and productivity for sustainable water conservation and saving », *Agricultural Water Management*, Vol. 108, pp. 39-51, http://econpapers.repec.org/article/eeeagiwat/v_3a108_3ay_3a2012_3ai_3ac_3ap_3a39-51.htm.

PREEMPT (2012), « Report on data and risk assessment methods used in reference river basins, policy requirements and potential for improvement », Deliverable B1, http://ec.europa.eu/echo/files/civil_protection/civil/prote/pdfdocs/fin_instr/projects2010/PREEMPT_final_report.pdf.

Reynaud, A. (2009), « Adaptation à court et long terme de l'agriculture au risque de sécheresse : une approche par couplage de modèles biophysiques et économique », *Revue d'Études en Agriculture et Environnement*, Vol. 90, n°2, pp. 121-154.

Scheierling, S.M., D.O. Treguer et J.F. Booker (2015), « Water productivity in agriculture: Looking for water in the agricultural productivity and efficiency literature, » *Water Economics and Policy*. À paraître.

Schilling, K.E., P.W. Gassman, C.L. Kling et al. (2013), « The potential for agricultural land use change to reduce flood risk in a large watershed », *Hydrological Processes*, Vol. 28, pp. 3314–3325

Sidibé, Y., J.-P. Terreaux, M. Tidball et A. Reynaud (2012), « Coping with drought with innovative pricing systems: the case of two irrigation water management companies in France », *Agricultural Economics*, Vol. 43, pp. 141-155.

Tirole, J. (1988), *The Theory of Industrial Organization*, MIT Press, Cambridge.

URSUS Consulting (2013), « Payment for Ecosystem Services (PES) Pilot on Flood Regulation in Hull », Report for DEFRA, www.google.fr/url?sa=t&rct=j&q=&esrc=s&source=web&cd=1&ved=0ahUKEwjAqobl4tvJAhVMtBoKHXnoC8UQFggcMAA&url=http%3A%2F%2Frandd.defra.gov.uk%2FDocument.aspx%3FDocument%3D11136_FinalreportHullPESPilot130513.pdf&usg=AFQjCNFMCsrXZavhwJ43r31pRcAMueHTiQ&bvm=bv.109910813,d.ZWU.

UK Environment Agency (2010), *Working with Natural Processes to Manage Flood and Coastal Erosion Risk*, Londres, http://webarchive.nationalarchives.gov.uk/20140328084622/http:/cdn.environment-agency.gov.uk/geho0310bsfi-e-e.pdf.

Annexe 3.A1

Politiques de prévention des sécheresses et des inondations dans les pays de l'OCDE

Tableau 3.A1.1. Politiques de prévention des sécheresses dans les pays de l'OCDE, 2009

Politiques	Instruments	Pays
Instruments réglementaires		
Planification	Stratégie nationale de gestion des sécheresses ou Programme d'économie d'eau	Australie, Canada, Portugal, Royaume-Uni
	Associations des usagers de l'eau et plans de gestion de l'eau agricole	Belgique, Portugal, Turquie
Débits écologiques minimums	Régulation des débits	Allemagne, Australie, Autriche, Corée, Danemark, Espagne, États-Unis, Finlande, France, Grèce, Italie, Japon, Nouvelle-Zélande, Pologne, Portugal, Royaume-Uni, Suisse
Incitations économiques		
Rétention et stockage d'eau	Infrastructure d'irrigation hors exploitation	Australie, Corée, Espagne, États-Unis, France, Grèce, Hongrie, Italie, Pologne, Portugal, République slovaque, Turquie
	Amélioration de l'irrigation/du stockage d'eau sur l'exploitation	Australie, Canada, Grèce, Italie, Pologne, Portugal, Suisse, Turquie
	Recyclage de l'eau dans les champs ou les rizières	Corée, Japon
	Dessalement	Espagne
	Recyclage des eaux usées traitées	Portugal, Espagne
Rétention d'humidité dans le sol	Pratiques agroenvironnementales (travail superficiel, restauration des terrasses, modification des systèmes culturaux)	Canada, États-Unis, France, Grèce, Hongrie, Pologne, République tchèque
	Remise en état et conservation des zones humides	Tous les pays de l'OCDE sauf la Turquie
Autres instruments		
Conseil agricole, assistance technique et éducation	Programmes de formation et de conseil	Australie, Autriche, Canada, États-Unis, Hongrie, Nouvelle-Zélande, Portugal
Information	Recherche	Australie, Autriche, Belgique, Portugal
	Indicateurs de rareté de l'eau	Espagne, Portugal

Source : Réponses des pays membres de l'OCDE au Questionnaire sur la gestion des ressources en eau en agriculture (2009).

Tableau 3.A1.2. Politiques de prévention des inondations dans les pays de l'OCDE, 2009

Politiques	Instruments	Pays
Instruments réglementaires		
Planification	Restrictions dans les zones à haut risque	Autriche, Espagne, Irlande, Finlande, France, Pologne, Portugal
	Modification des plans d'occupation des sols sur la base des considérations de gestion des ruissellements	Belgique, Pays-Bas, Portugal
Incitations économiques		
Rétention et stockage d'eau	Retenues en altitude	Belgique, Espagne, Finlande, France, Pologne
	Stockage de l'eau dans les basses terres : polders, zones d'expansion des crues	Autriche, Belgique, États-Unis, France, Hongrie, Pays-Bas, Portugal, République tchèque, Royaume-Uni
	Meilleures pratiques de gestion ; ex. programmes agroenvironnementaux	France, Grèce, Hongrie, Pays-Bas, Portugal, République tchèque, Royaume-Uni
	Compensation au titre de la rétention d'eau	Autriche, Belgique, Hongrie, Pays-Bas
	Zones humides	Belgique, États-Unis, Finlande, France, Hongrie, Pologne, Suède
	Lutte contre l'érosion	Belgique, États-Unis, France, République tchèque
	Boisement	Pologne, Portugal
Autres instruments		
Zones agricoles de prévention des inondations	Renforcement des dispositifs de prévention	Belgique, Espagne, Grèce, Hongrie, Pologne, Portugal, République tchèque
	Retrait des dispositifs de prévention	Autriche, Finlande, Irlande, Portugal, Royaume-Uni
	Drainage des terres	Pologne, Portugal, Suède
	Réaménagement des cours d'eau	Autriche, Canada, France, Pays-Bas, Portugal; Royaume-Uni, Suisse
Utilisation des terres	Stockage de l'eau dans les basses terres : rizières	Corée, Japon
Information	Cartographie des risques d'inondation	Autriche, Belgique, Espagne, Japon, Portugal
	Systèmes d'alerte en cas de crues	Belgique, Espagne, Royaume-Uni, Portugal

Source : Réponses des pays membres de l'OCDE au Questionnaire sur la gestion des ressources en eau en agriculture (2009).

Annexe 3.A2

Tableaux synoptiques des principales caractéristiques des politiques visant les sécheresses et les inondations en agriculture : Australie, Canada, France, Espagne et Royaume-Uni

Tableau 3.A2.1. Représentation schématique des politiques de l'eau en Australie

	Politiques de l'eau en Australie	
	Sécheresses	**Inondations**
Atténuation du risque eau à long terme	• Droits d'eau avec différents niveaux de fiabilité, et allocations d'eau • Systèmes décentralisés d'allocation dans certains bassins (droits de stockage, système de partage des capacités) • Différents mécanismes de tarification de l'eau selon les régions • Mesures structurelles; mesures portant sur l'infrastructure hydraulique publique	• Permis d'utilisation des terres
Prévention	• Outils d'information • Dépôts de gestion agricole • Formations dispensées aux entreprises agricoles • Promotion des économies d'eau et de la protection des ressources en eau • Système de dépôts de gestion agricole (tous risques) • Initiatives publiques de gestion des ravageurs	• Outils d'information • Services d'alerte inondation • Contrôles de l'utilisation des sols • Accord national de partenariat pour la résilience aux catastrophes naturelles • Programmes régionaux de réduction des risques liés aux inondations
Gestion du risque eau à court terme	• Cartes sécheresse indiquant les zones souffrant de déficits pluviométriques graves ou sévères • Niveaux de fiabilité des droits d'eau • Marchés de l'eau (permanents ou spot) • Mesures d'économie d'eau • Service de conseil financier rural • Politiques d'aide rurale générale (Allocations aux ménages agricoles)	• Programme Familles agricoles durables • Aides à l'assainissement et la réhabilitation
Compensation	• Indemnisation des ménages agricoles • Dispositif de financement bonifié pour la reprise des activités après une sécheresse • Mesures de soutien social et communautaire	• Accords nationaux d'aide et de remise en état en cas de catastrophe naturelle (aide administrative et financière)
Seuils de risque	• Deux niveaux de sévérité (deux périodes de retour)	• Ne sont pas clairement définis pour stratifier les risques.
Stratification des risques	Différentes mesures de soutien peuvent être offertes aux agriculteurs touchés par la sécheresse dans des circonstances particulières	Prévisions du niveau que peut atteindre un cours d'eau et du temps qu'il faut pour atteindre ce niveau

Tableau 3.A2.2. Représentation schématique des politiques de l'eau au Canada

	Politiques de l'eau au Canada*	
	Sécheresses	**Inondations**
Atténuation du risque eau à long terme	• Droits d'eau/permis d'adduction d'eau (chaque province a son propre système) • Tarification de l'eau • Mesures structurelles	
Prévention	• Outils d'information (veille sécheresse, Service national d'information sur l'agroclimat, cartes agroclimatiques sur les sécheresses) • Promotion des pratiques qui réduisent la vulnérabilité à la sécheresse et améliorent la gestion • Assistance technique et financière pour le passage à un approvisionnement plus sûr	• Surveillance • Activités de préparation aux inondations • Programme de protection contre les inondations (financement des stratégies d'atténuation)
Gestion du risque eau à court terme	• Marchés de l'eau • Rationnement de l'eau	La gamme des mesures prises par les provinces peut considérablement varier selon la gravité de l'épisode
Compensation	• Accords d'aide financière en cas de catastrophe pour les gouvernements des provinces et territoires • Plans Agri-protection établis et appliqués par chaque province pour répondre aux besoins des producteurs locaux • Programme Agri-relance • Programme Agri-stabilité	• Accords d'aide financière en cas de catastrophe pour les gouvernements des provinces et territoires • Plans Agri-protection établis et appliqués par chaque province pour répondre aux besoins des producteurs locaux • Programme Agri-relance • Paiements ad-hoc • Programme Agri-stabilité
Seuils de risque	• Ne sont pas clairement définis	• Ne sont pas clairement définis pour stratifier les risques.
Stratification des risques	Rapports en temps réel sur les niveaux des lacs et réservoirs, les débits des cours d'eau, les épaisseurs de neige, les prévisions des volumes d'approvisionnement, les niveaux des réservoirs (pour les Prairies), et les anomalies dans les précipitations	Trois niveaux d'avis de sécurité basés sur le niveau des cours d'eau et l'inondation des zones adjacentes : avis de sécurité niveau élevé, vigilance inondations et alerte aux inondations.

* Compte tenu de la grande diversité des dispositifs de planification de l'eau au Canada, et chaque province étant responsable de son dispositif, une partie des informations sur les politiques sécheresse présentées dans ce tableau concernent plus particulièrement la province de l'Alberta ; s'agissant des politiques en matière d'inondations, elles concernent la Colombie britannique.

Tableau 3.A2.3. Représentation schématique des politiques de l'eau en France

	Politiques de l'eau en France	
	Sécheresses	**Inondations**
Atténuation du risque eau à long terme	• Quotas d'eau basés sur le portefeuille de cultures en hectares • Tarification de l'eau • Mesures structurelles • Gestion assurée par des unités de gestion collective de l'eau • Critères des autorisations de prélèvement	• Mise en application des codes d'occupation des sols
Prévention	• Outils d'information • Surveillance • Soutien des technologies économes en eau	• Outils d'information • Surveillance • Plans de prévention des risques • Programmes d'actions de prévention contre les inondations- PAPI (financement des investissements nécessaires pour transférer les eaux de crue vers des zones moins vulnérables) • Cartographie des zones inondables
Gestion du risque eau à court terme	Décrets sécheresse pour limiter ou interdire temporairement les prélèvements	En cas d'alerte sécheresse, différents plans d'urgence sont déclenchés et des mesures sont prises par les différents organes responsables
Compensation	• Fonds National de Garantie des Calamités Agricoles • Assurance-récolte multirisque	• Paiements du Fonds National de Garantie des Calamités Agricoles • Assurance-récolte multirisque
Seuils de risque	• *Définis aux fins de la stratification des risques*	• Définis aux fins de la stratification des risques et de la cartographie des zones inondables
Stratification des risques	Différents niveaux d'alerte basés sur les débits des cours d'eau et les niveaux des nappes souterraines. Les seuils déclenchant des mesures de restriction sont définis localement par les préfets. Ce système de stratification des risques facilite la réaction en situation de crise, assure la transparence et permet des consultations entre les différents usagers d'un même bassin.	Pluies (mm), en fonction de la climatologie régionale

Tableau 3.A2.4. Représentation schématique des politiques d'eau en Espagne

	Politiques de l'eau en Espagne	
	Sécheresses	**Inondations**
Atténuation du risque eau à long terme	• Droits d'usage de l'eau • Tarification de l'eau • Mesures structurelles	• Mise en application des codes d'occupation des sols • Commission permanente chargée des risques climatiques et environnementaux
Prévention	• Observatoire national des sécheresses • Services météorologiques • Programmes d'amélioration des systèmes d'irrigation et d'économie d'eau • Intégration des projections des changements climatiques dans les Plans de bassins • Plans de gestion de la sécheresse, approuvés	• Services météorologiques • Système national de cartographie des zones inondables (SNCZI) • Mesures environnementales • Cartographie des dangers et risques d'inondation • Plans d'urbanisme et d'occupation des sols • Évaluations régulières des risques
Gestion du risque eau à court terme	• Décrets sécheresse • Restrictions d'utilisation • Marchés de l'eau • Puits de sécheresse • Un Comité national des sécheresses est mis en place pour coordonner les efforts	• Protection civile • Exploitation et gestion des débits et lâchures en temps réel
Compensation	• Assurance récolte • Fonds de compensation • Mécanismes spéciaux de financement approuvés par les autorités nationales et autonomes pour indemniser les agriculteurs frappés par la sécheresse et procédures de financement accéléré des infrastructures d'urgence et autres mesures au niveau de l'offre	• Assurance récolte • Les autorités nationales peuvent déclencher différentes mesures complémentaires d'urgence ou exceptionnelles pour faciliter la réparation des dommages causés par les inondations graves.
Seuils de risque	• Définis aux fins de la stratification des risques	• Définis aux fins de la stratification des risques et de la cartographie des zones inondables
Stratification des risques	Clairement définis par les Plans de gestion des sécheresses et dans les instruments d'assurance sécheresse (rendements). Le système automatique d'information hydrologique (SAIH) contribue à déterminer les situations officielles de déclaration d'alerte (inondations et sécheresses) par les Agences de bassin.	• Dans chaque bassin, le SAIH collecte les informations concernant le débit des cours d'eau et définit les niveaux d'alerte internes.

Tableau 3.A2.5. Représentation schématique des politiques de l'eau au Royaume-Uni

	Politiques de l'eau au Royaume-Uni	
	Sécheresses	**Inondations**
Atténuation du risque eau à long terme	• Droits d'usage de l'eau • Tarification de l'eau • Mesures structurelles	• Mise en application des codes d'occupation des sols
Prévention	• Surveillance • Rapport de l'Agence de l'environnement sur la situation régionale de l'eau.	• Surveillance • Cartes des inondations • Programmes de bonne gestion de l'environnement • Financement de partenariats pour la résilience aux inondations et à l'érosion côtière • Rapport de l'Agence de l'environnement sur la situation régionale de l'eau. • « Making Space for Water » (financement de solutions d'aménagement du territoire rural notamment de la création de zones humides et de zones d'expansion des crues, et rectification maîtrisée des côtes et cours d'eau) • Plans de gestion des inondations
Gestion du risque eau à court terme	• Permis sécheresse, décrets ordinaires et décrets d'urgence sécheresse • Restrictions de l'irrigation par aspersion • Marchés de l'eau	Durant les inondations, les parties chargées de gérer les risques d'inondation collaborent pour aider les personnes touchées et coordonnent les mesures d'urgence.
Compensation	• Programmes agroenvironnementaux • Mesures pour aider les agriculteurs à remplir leurs réservoirs	• Fonds d'aide en cas de catastrophe • Fonds d'urgence • Soutien pratique et psychologique • Addington Fund : aide les agriculteurs à se procurer les ressources de première nécessité • Fonds de réhabilitation agricole
Seuils de risque	• Définis pour la sécheresse	• Ne sont pas clairement définis
Stratification des risques	Les plans régionaux énoncent les mesures qui doivent être prises aux différents stades de la sécheresse et détaillent les indicateurs qui déclencheront ces mesures.	Pour évaluer le niveau de risque un grand nombre de facteurs sont pris en compte (météorologie, bassin versant, côtes). Ils sont représentés dans une matrice de risques assortie de codes couleur indiquant les probabilités et impacts.

ORGANISATION DE COOPÉRATION ET DE DÉVELOPPEMENT ÉCONOMIQUES

L'OCDE est un forum unique en son genre où les gouvernements oeuvrent ensemble pour relever les défis économiques, sociaux et environnementaux que pose la mondialisation. L'OCDE est aussi à l'avant-garde des efforts entrepris pour comprendre les évolutions du monde actuel et les préoccupations qu'elles font naître. Elle aide les gouvernements à faire face à des situations nouvelles en examinant des thèmes tels que le gouvernement d'entreprise, l'économie de l'information et les défis posés par le vieillissement de la population. L'Organisation offre aux gouvernements un cadre leur permettant de comparer leurs expériences en matière de politiques, de chercher des réponses à des problèmes communs, d'identifier les bonnes pratiques et de travailler à la coordination des politiques nationales et internationales.

Les pays membres de l'OCDE sont : l'Allemagne, l'Australie, l'Autriche, la Belgique, le Canada, le Chili, la Corée, le Danemark, l'Espagne, l'Estonie, les États-Unis, la Finlande, la France, la Grèce, la Hongrie, l'Irlande, l'Islande, Israël, l'Italie, le Japon, le Luxembourg, le Mexique, la Norvège, la Nouvelle-Zélande, les Pays-Bas, la Pologne, le Portugal, la République slovaque, la République tchèque, le Royaume-Uni, la Slovénie, la Suède, la Suisse et la Turquie. La Commission européenne participe aux travaux de l'OCDE.

Les Éditions OCDE assurent une large diffusion aux travaux de l'Organisation. Ces derniers comprennent les résultats de l'activité de collecte de statistiques, les travaux de recherche menés sur des questions économiques, sociales et environnementales, ainsi que les conventions, les principes directeurs et les modèles développés par les pays membres.

ÉDITIONS OCDE, 2, rue André-Pascal, 75775 PARIS CEDEX 16
(51 2015 18 2 P) ISBN 978-92-64-25442-8 – 2016

www.ingramcontent.com/pod-product-compliance
Lightning Source LLC
LaVergne TN
LVHW081420110826
845149LV00010B/1812

* 9 7 8 9 2 6 4 2 5 4 4 2 8 *